기적의 영어 스피킹 패턴 180

저 자 이수용
발행인 고본화
발 행 반석출판사
2018년 1월 5일 초판 1쇄 인쇄
2018년 1월 10일 초판 1쇄 발행
홈페이지 www.bansok.co.kr
이메일 bansok@bansok.co.kr
블로그 blog.naver.com/bansokbooks

07547 서울시 강서구 양천로 583. B동 1007호
　　　　(서울시 강서구 염창동 240-21번지 우림블루나인 비즈니스센터 B동 1007호)
대표전화 02) 2093-3399 **팩 스** 02) 2093-3393
출 판 부 02) 2093-3395 **영업부** 02) 2093-3396
등록번호 제315-2008-000033호

Copyright ⓒ 이수용

ISBN 978-89-7172-851-2 (13740)

■ 교재 관련 문의: bansok@bansok.co.kr을 이용해 주시기 바랍니다.
■ 이 책에 게재된 내용의 일부 또는 전체를 무단으로 복제 및 발췌하는 것을 금합니다.
■ 파본 및 잘못된 제품은 구입처에서 교환해 드립니다.

Preface

'말한다'는 것은 곧 생각을 표현하는 행위이다. 이는 초보 단계인 say나 tell에서부터 중간 단계인 explain과 discuss, 그리고 최종 단계인 persuade 및 convince에 이르기까지 그 범위가 매우 넓고 다양하다. 하지만 이 다양한 행위들은 각각 독립된 별개의 것이 아니라 서로 밀접하게 연결되어 있으며 상호 보완적이다. 즉 discussion은 여러 개의 telling으로 구성된 담화이고, convince나 persuasion은 길거나 짧은 explaining 또는 discussion에 의한 결과물이다. 우리가 흔히 말하는 speaking이란 이 모든 행위를 포괄적으로 포함시킨 것이다.

어원상 speak는 utter words로 '소리를 낸다'는 개념에서 생성된 단어이다. 소리를 내는 행위, 즉 발화 (utterance)는 외국어 학습, 특히 speaking 능력을 습득하기 위해 가장 기본적이면서도 빠져서는 안 되는 필수 과정이다. 본 교재의 주 목적은 학습자들이 나타내고자 하는 생각을 막힘없이 표현하는 능력을 길러 주기 위함이다. 그리고 이 목적은 교재가 제시하는 문장 표현들을 반복해서 발화하는 과정을 통해 이루어 진다.

그러므로 여러분의 주된 관심사가 영어 표현 능력의 습득 또는 향상에 있다면, 이제 막 ABC를 배우기 시작한 입문자든, 토익 점수를 높이기 위해 고민하는 초중급자든, 또는 영어 신문이나 잡지 등을 읽고 어려움 없이 이해하는 상급 수준에 있는 사람이든 상관없이 본 교재를 학습하기에 적절한 독자들이다.

교재에 사용된 text는 일상 생활에서 가장 사용 빈도수가 높은 영어 표현 어구들을 엄선하여 단순화 그리고 패턴화시켰다. 패턴으로 제시되는 문장들은 대부분 초급자들도 쉽게 이해할 수 있는 짧고 간단한 문장들로 구성된다. 그러나 이 쉬운 표현에 익숙해지는 것이 바로 speaking의 첫 단계이며, 이후 보다 더 수준이 높고 복잡한 표현을 가능하게 하는 초석이 된다.

본 교재는 speaking 능력을 키우기 위한 장황한 이론적 설명이나 방법론, 또는 비결을 제시하지 않는다. 책을 펼쳐서 문장을 읽고 이해한 후, 녹음을 듣고 반복적으로 소리 내어 따라하는 것이 유일한 방법임과 동시에 비결이다. 학습의 반복 횟수에 관한 제한 또한 없다. 녹음을 듣지 않고도 입에서 자연스럽게 그리고 막힘 없이 발화할 수 있을 때까지가 제한이라면 제한이다.

장담하건대 이 같은 방법으로 교재 내용을 꾸준히 반복 학습하다 보면, 어느 순간 상황에 필요한 표현을 무의식적으로 입밖으로 내는 자신을 발견하게 될 것이다.

이를 위해
Think before you speak,
라는 보편적 금언은 잠시 잊고
교재의 마지막 페이지를 덮을 때까지 녹음을 듣고 무작정 발화하는
Speak before you think!
를 규칙으로 삼아보자.

저자 이수용

목 차

머리말   4
목차   5
교재의 구성 및 학습 방법   9

Part 1 ------------------------- 12
1인칭 표현: I and We

Unit 01 자기 소개   13

1. I am from … 나는 … 출신이다   14
2. I am on … 나는 …하는 중이다   15
3. I am ready to/for … 나는 …할 준비가 되어 있다   16
4. I am not ready to/for … 나는 …할 준비가 되어 있지 않다   17
5. I am good at … 나는 …에 능숙하다   18
6. I am not good at … 나는 …에 능숙하지 않다
    I am poor at … 나는 …에 서툴다   19

Unit 02 감정 표현   21

1. I am glad to … 나는 …해서 기쁘다, 기꺼이 …하다   22
2. I am glad (that) … 나는 …해서 기쁘다   23
3. I am happy to/with … 나는 …해서 기쁘다, 만족하다   24
4. I am willing to … 나는 기꺼이 …할 것이다   25
5. I am sure of/that … …라고 확신하다   26
6. I am not sure … 나는 …인지 확실하지 않다   27

Unit 03 예정 및 계획   29

1. I am going to … 나는 …하려 한다   30
2. I am not going to … 나는 …하지 않을 것이다   31
3. I am planning to … 나는 …할 계획이다   32
4. I am trying to … 나는 …하려 애쓰고 있다   33
5. I am about to … 나는 막 …하려고 하는 중이다   34
6. I am in the middle of … 나는 …하는 중이다   35

Unit 04 기대 또는 요청   37

1. I am looking for … 나는 …을 찾고 있다   38
2. I am looking forward to … 나는 …을 기대하고 있다   39
3. I am asking for … 나는 …을 요청합니다   40
4. I am talking about … 나는 …에 관해 이야기하는 중이다   41
5. I am calling to … 나는 …하려고 전화한다   42
6. I am thinking of/about … 나는 …을 생각하고 있다   43

Unit 05 의견 및 제안   45

1. I would like to … 나는 …하고 싶다   46
2. I don't like to … 나는 …하고 싶지 않다   47
3. I want to … 나는 …하기를 원한다   48
4. I don't want to … 나는 …하기를 원하지 않는다   49
5. I think … 나는 …라고 생각한다   50
6. I suggest (that) … 나는 …을 제안한다   51

Unit 06 선호 또는 선택   53

1. I feel like … 나는 …할 것 같다   54
2. I don't feel like … 나는 …할 기분이 아니다   55
3. I hate to … 나는 …하기 싫다   56
4. I prefer to … 나는 …을 선호한다   57
5. I would rather … 나는 차라리 …하겠다   58
6. I believe (that) … 나는 …라고 믿는다   59

Unit 07 인지 및 인식   61

1. I know (that) … 나는 …을 알고 있다   62
2. I knew (that) … 나는 …을 알고 있었다   63
3. I don't know if/whether … 나는 …인지 알지 못한다   64
4. I don't know how … 나는 어떻게 …하는지 알지 못한다   65
5. I have no idea … 나는 …을 모른다   66
6. I wonder if … 나는 …인지 궁금하다   67

Unit 08 필요 및 의무 사항 — 69

1. I need to ...   나는 …할 필요가 있다   70
2. I have to ...   나는 …해야 한다   71
3. I don't have to ...   나는 …할 필요가 없다   72
4. I have no reason to ...   나는 …할 이유가 없다   73
5. I didn't mean to ...   나는 …할 의도는 아니었다   74
6. I don't mind ...   나는 …을 개의치 않는다; …해도 상관없다   75

Unit 09 과거 습관 및 현재 상황 — 77

1. I used to ...   나는 …하곤 했다   78
2. I managed to ...   나는 가까스로(겨우) …했다   79
3. I cannot help ...   나는 …할 수밖에 없다   80
4. I cannot afford to ...   나는 …할 여유가 없다   81
5. I can no longer ...   나는 더 이상 …할 수 없다   82
6. I cannot wait to ...   나는 …을 기다릴 수 없다   83

Unit 10 걱정 및 우려 — 85

1. I am worried about ...   나는 …이 걱정된다   86
2. I am confused about ...   나는 …에 혼란스럽다; 이해되지 않는다   87
3. I am nervous about ...   나는 …이 긴장된다   88
4. I am surprised at ...   나는 …에 놀랐다   89
5. I was embarrassed at/by ...   나는 …에 당황스러웠다   90
6. I am disappointed at ...   나는 …에 실망한다   91

Unit 11 감사 및 관심 — 93

1. I enjoy ...   나는 …을 즐긴다   94
2. I appreciate ...   나는 …에 대해 감사한다   95
3. I envy ...   나는 …이 부럽다   96
4. I am interested in ...   나는 …에 관심이 있다   97
5. I am not interested in ...   나는 …에 관심이 없다   98
6. I am involved in ...   나는 …에 관련되어 있다   99

Part 2 — 104
2인칭 표현: You

Unit 12 상황 또는 상태 1 (질문) — 105

1. Are you ...?   …인가요?   106
2. Are you still ...?   여전히 …인가요?   107
3. Are you going to ...?   …할 것인가요?   108
4. Are you saying (that) ...?   …라는 말인가요?   109
5. Are you sure (that) ...?   …이 확실한가요?   110
6. Are you happy with ...?   …에 만족하나요?   111

Unit 13 상황 또는 상태 2 (진술) — 113

1. You are so ...   너는 매우 …하다   114
2. You are such a(n) ...   너는 정말 …이다   115
3. You are very ...   너는 매우 …이다   116
4. You are always ...   너는 언제나 …하다   117
5. You look ...   너는 …처럼 보인다   118
6. You don't look ...   너는 …처럼 보이지 않는다   119

Unit 14 일정 및 예정 — 121

1. You are going to ...   너는 …할 것이다   122
2. You are not going to ...   너는 …하지 않을 것이다   123
3. You are supposed to ...   너는 …하기로 되어 있다   124
4. You were supposed to ...   너는 …하기로 되어 있었다   125
5. You are not supposed to ...   너는 …해서는 안 된다   126
6. You are not allowed to ...   너는 …해서는 안 된다   127

Unit 15 의무 1 (강제성) — 129

1. You should ...   너는 …해야 한다   130
2. You should not ...   너는 …해서는 안 된다   131
3. You should have ...   너는 …했어야 했다   132
4. You should not have ...   너는 …하지 않았어야 했다   133

5. You must ...   너는 …해야 한다   134
6. You must not ...   너는 …해서는 안 된다   135

Unit 16 의무 2 (필요 또는 당위성)   137

1. You have to ...   너는 …해야 한다   138
2. You will have to ...   너는 …해야 할 것이다   139
3. You don't have to ...   너는 …할 필요가 없다   140
4. You had better ...   너는 …하는 것이 좋을 것이다   141
5. You need to ...   너는 …할 필요가 있다   142
6. You don't need to ...   너는 …할 필요가 없다   143

Unit 17 필요 여부 및 허락   145

1. Do you ...?   …하나요?   146
2. Do you want ...?   …을 원하나요?
   Do you need ...?   …이 필요한가요?   147
3. Do you like ...?   …을 좋아하나요?   148
4. Do you mind if ...?   …해도 될까요?   149
5. Have you ...?   …했나요?   150
6. Have you tried ...?   …을 (시도)해본 적이 있나요?   151

Unit 18 의지 또는 의도   153

1. Can you ...?   …해줄 수 있나요?   154
2. Can you get me ...?   내게 …을 가져다줄 수 있나요?   155
3. Can you show me ...?   내게 …을 보여줄 수 있나요?   156
4. Can you tell me ...?   내게 …을 말해줄 수 있나요?   157
5. Would you like to ...?   …을 원하시나요?   158
6. Would you like me to ...?   내가 …하기를 원하시나요?   159

Unit 19 당부 및 주의   161

1. Don't make ...   …하게 하지 마세요   162
2. Don't be ...   …하지 마세요   163
3. Don't try to ...   …하려고 하지 마세요   164
4. Don't forget to ...   …하는 것을 잊지 마세요   165
5. Don't worry (about) ...   …을 걱정하지 마세요   166
6. Don't be afraid of/to ...   …을 두려워하지 마세요   167

Part 3   170
의문사 표현: Who, What, When, Where, Why & How

Unit 20 누구 / 어느 것   171

1. Who is ...?   누가 …입니까?   172
2. Who ...?   누가 …합니까?   173
3. Who will ...?   누가 …할 것인가요?   174
4. Whose ...?   누구의 …인가요?   175
5. Which ...?   어느 것이 …인가요?   176
6. Which do you prefer ...?   …중 어느 쪽이 더 좋은가요?
   Which do you like better ...?   …중 어느 쪽이 더 좋은가요?   177

Unit 21 무엇 / 왜   179

1. What is your ...?   당신의 …은 무엇입니까?   180
2. What are you going to ...?   무엇을 …할 것인가요?   181
3. What are you trying to ...?   무엇을 …하려는 건가요?   182
4. What do you want to ...?   무엇을 …하기 원하시나요?   183
5. What do you think of ...?   …에 대해 어떻게 생각하나요?   184
6. What makes you think (that) ...?   왜 …라고 생각하나요?   185

Unit 22 언제   187

1. When is ...?   …은 언제인가요?   188
2. When are you going to ...?   언제 …할 건가요?   189
3. When will ...?   언제 …하나요?   190
4. When did ...?   언제 …했나요?   191
5. When do you need ...?   언제 …이 필요한가요?   192
6. When do you want to ...?   언제 …하기를 원하나요?   193

Unit 23 어디서 195

1. Where ...? ···가 어디인가요? 196
2. Where are you going to ...? 어디서 ···을 할 예정인가요? 197
3. Where are you taking ...? 어디로 ···을 가져(데려)가나요? 198
4. Where is ...? ···은 어디 있나요? 199
5. Where do you ...? 어디서 ···을 하나요? 200
6. Where did you ...? 어디서 ···을 했나요? 201

Unit 24 왜 203

1. Why are you ...? 왜 ···하나요? 204
2. Why are you so ...? 왜 그렇게 ···하나요? 205
3. Why were you ...? 왜 ···했나요? 206
4. Why do you ...? 왜 ···하나요? 207
5. Why did you ...? 왜 ···했나요? 208
6. Why don't we ...? ···하는 것이 어때요?
   Why don't you ...? ···하는 것이 어때요? 209

Unit 25 어떻게 / 얼마나 211

1. How do you like ...? ···은 어떤가요? 212
2. How did you ...? 어떻게 ···했나요? 213
3. How often ...? 얼마나 자주 ···인가요? 214
4. How long does it take to ...? ···하는 데 얼마나 오래 걸리나요? 215
5. How many ...? (수가) 얼마나 ··· 되나요? 216
6. How much ...? (양이) 얼마나 ··· 되나요? 217

Part 4 --- 220
비인칭주어 및 지시대명사: It, There, This & That

Unit 26 형식상의 주어 It 221

1. It looks ... ···로 보인다 222
2. It is worth ... ···할 가치가 있다 223
3. It is not worth ... ···할 가치가 없다 224
4. It is easy to ... ···하기가 쉽다 225
5. It is hard to ... ···하기가 어렵다
   It is difficult to ... ···하기가 어렵다 226
6. It is no use ... ···해도 소용이 없다 227

Unit 27 시간 및 상황의 It 229

1. It takes ... ···가 걸린다 230
2. It depends on ... ···에 달려 있다 231
3. It turned out ... ···라고 밝혀졌다 232
4. It is time to/that ... ···할 시간이다 233
5. It is a little ... 조금(다소) ···하다
   It is a bit ... 조금(다소) ···하다 234
6. It is too ... 너무 ···하다 235

Unit 28 형식상의 주어 There 237

1. There is ... ···이 있다 238
2. There will be ... ···이 있을 것이다 239
3. There must be ... ···이 있음에 틀림이 없다 240
4. There is no way ... ···할 방법이 없다 241
5. There is no need to ... ···할 필요가 없다 242
6. There is no one ... ···할 사람이 없다 243

Unit 29 지시 대명사 This 245

1. This is ... 이것은 ···이다 246
2. This is not ... 이것은 ···이 아니다 247
3. This is just ... 이것은 단지 ···일 뿐이다
   This is not just ... 이것은 단순히 ···인 것만이 아니다 248
4. This is totally ... 이것은 완전히 ···이다 249
5. This is what ... 이것은 바로 ···이다 250
6. This is why ... 이것이 ···하는 이유이다 251

Unit 30 지시 대명사 That 253

1. That is all ... 그것이 ···한 전부이다 254
2. That is the way ... 그것이 ···하는 방법이다 255
3. That sounds ... ···인 것 같다 256
4. That sounds like ... ···한 것 같다 257
5. The thing is ... 문제는(사실은) ···입니다 258
6. The point is ... 요점은 ···입니다
   The bottom line is ... 결론은(요점은, 핵심은) ···입니다 259

Index 찾아보기 --- 262

교재의 구성 및 학습 방법

본 교재는 초보자들을 위한 영어 스피킹 학습서이다. 일상 생활에서 사용하는 쉽고 간단한 영어 표현들을 학습하여 유창하고 자연스러운 영어 대화 능력을 기르는 것을 주 목적으로 한다. Native speaker들이 일상 대화에서 가장 많이 사용하는 필수 표현 패턴 180개를 엄선하여 30개 Unit으로 나누었다. 즉, 하루에 한 Unit씩 지속적으로 학습한다면 한 달 내에 완성할 수 있는 분량이다. 음성 파일이 지원되므로 발음 교정과 함께 청취 연습을 할 수 있게 꾸며졌다.

각 Unit은 6개의 Pattern으로 구성하였다. 각 Pattern은 기본 문형인 Basic Pattern 5개, 2~4턴 유형의 상황 대화인 Situation Dialog, 그리고 실전 표현 연습 문제인 Exercise 2개 문항으로 구성되어 있다.

Preview
Unit의 첫 도입부에 제시되는 예문이다. 이 예문들은 Unit을 구성하고 있는 Pattern에서 다루어지는 문형의 모범 문장들이다. 교재의 본문인 Pattern에서 다루게 될 문장들을 미리 개괄적으로 살펴볼 수 있는 예습의 기회를 제공하는 란이다.

Pattern
실제 대화 상황에 필요한 표현을 학습하는 교재의 메인 파트이다. 총 180개의 Pattern을 다룬다. 문형의 상황을 설명하는 intro와 함께 3단계의 학습 과정으로 구성되어 있다.

Step 1: Basic Pattern
실제 대화 상황에 적용시킬 수 있는 기본 문형으로, 5개의 예문이 제공된다. 문형을 익힌 후, 한글 표현만 보고 영문장을 그대로 표현할 수 있을 때까지 반복 연습한다. 제공되는 음성 파일을 통해 반복 청취하여 정확한 발음을 익히는 것도 중요한 과정이다.

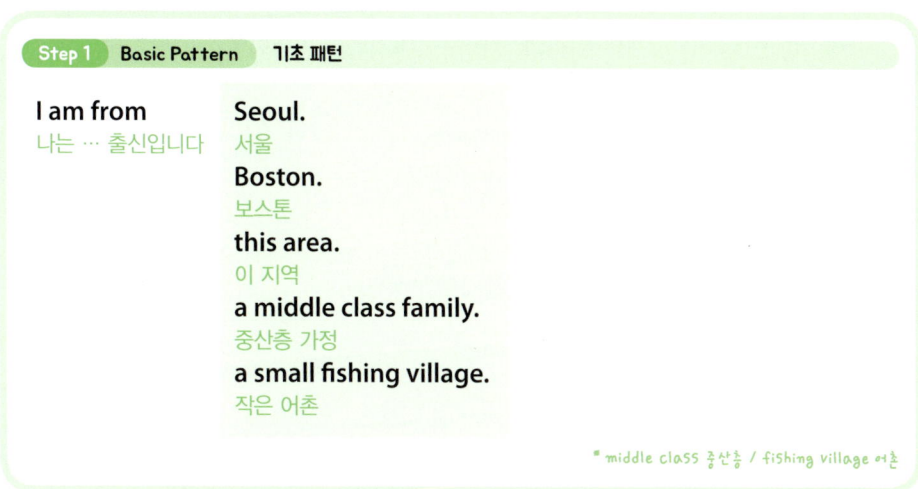

Step 2: Situation Dialog

Basic Pattern에서 학습한 문형이 실제 상황에서 어떻게 활용될 수 있는지를 보여주는 짧은 대화이다. 대화를 읽고 이해한 다음 녹음 파일을 통해 반복해서 청취한다. 녹음을 듣고 그대로 따라 하는 연습을 한다. 문형을 익히고 표현의 응용력을 향상시키는 학습이다.

> **Step 2 Situation Dialog 상황 대화**
>
> A I think we haven't met before.
> B I am new here. I am from France.
> A Then you are an exchange student. Nice to see you. My name is Kim.
> B Nice to see you too, Kim. My name is Adrien.
>
> * exchange student 교환학생
>
> A 우리 전에 만난 적이 없는 것 같아.
> B 나는 이곳이 처음이야. 프랑스에서 왔어.
> A 그렇다면 교환학생이구나. 만나서 반가워. 나는 김이라고 해.
> B 나도 만나서 반가워. 나는 에드리언이라고 해.

Step 3: Exercise

Basic Pattern에서 학습했던 문형을 응용해서 표현하는 영작 연습 문제이다. 영작에 필요한 어휘를 힌트로 제시한다. 힌트 없이 정확히 영문을 표현할 수 있을 때까지 반복해서 연습할 것을 권한다.

> **Step 3 Exercise 연습 문제**
>
> 1 나는 에섹스 출신입니다. (Essex)
>
> _____
>
> 2 나는 텍사스 출신이며 현재는 워싱턴에 거주하고 있습니다. (currently / reside in)
>
> _____
>
> * reside는 '살다, 거주하다'의 의미로 live과 같은 뜻이다. 장소의 전치사 in과 함께 사용한다.

Review Exercise

본문에서 다루었던 어휘와 문형을 복습하는 란이다. 단어 또는 어구의 의미를 파악하는 연결문제와 문장의 일부를 완성시키는 문장 완성 문제로 구성된다.

어휘 연결 문제

> A. 단어의 맞는 뜻을 찾아 연결하시오.
>
> 1. reside   ⓐ 도전하다
> 2. retire   ⓑ 은퇴하다
> 3. draw   ⓒ 거주하다
> 4. recall   ⓓ 기억해내다
> 5. challenge   ⓔ 그림을 그리다

문장 완성 문제

B. 문맥에 알맞은 어구를 찾아 문장을 완성하시오.

1. 나는 집으로 가고 있는 중입니다.
   I am _____ home.
2. 나는 수영을 잘 합니다.
   I am _____ swimming.
3. 나는 아직 외출할 준비가 되지 않았어요.
   I am _____ go out yet.
4. 나는 작은 어촌 출신입니다.
   I am _____ a small fishing village.
5. 나는 새로운 친구를 사귀는 데 서툽니다.
   I am _____ making new friends.

ⓐ good at
ⓑ on my way
ⓒ not ready to
ⓓ not good at
ⓔ from

Speaking Exercise

실전 speaking 연습 문제이다. 학습 방법은 앞서 했던 것과 동일하다. 한글 표현을 보고 완전한 영어 문장을 글 또는 말로 표현할 수 있을 때까지 반복 연습한다.

C. Speaking Exercise 다음 문장을 영어로 표현하시오.

1. 나는 남동부의 소도시 출신입니다.

2. 나는 친구와 통화하고 있는 중입니다. (with)

3. 우리는 협상을 시작할 준비가 되어 있습니다.

4. 나는 아직 이 문제에 관해 결정을 내릴 준비가 되지 않았습니다. (on this issue)

5. 나는 테니스를 잘칩니다.

6. 나는 수학을 잘하지 못합니다.

Index

Pattern별로 분류된 영어 표현을 한글 가나다 순으로 배열하여 필요할 때 사전으로 참고 및 인용할 수 있게 했다.

Part 1

1인칭 표현: I and We

'나' 또는 '우리'에 관한 표현이다. 주어 I 또는 We를 사용하여 나의 직업이나 출신을 말하거나(I am from ...), 나의 감정을 나타내거나(I am glad ...), 내가 했거나 또는 하려고 하는 행동을 설명하거나(I am going to ...), 또는 나의 주장이나 의견을 제시할 때(I suggest ...) 등 다양한 경우의 표현을 연습한다. 표현 방식은 크게 세 가지로, ① be동사를 사용하는 경우 ② 일반동사를 사용하는 경우 ③ 조동사를 사용하는 경우로 나눌 수 있다.

① be동사를 사용하는 경우는 다시 세 가지 구문으로 분류된다.
　ⓐ be + 형용사: I am happy with what I am doing. 나는 내가 하고 있는 일에 만족한다.
　ⓑ be + 과거분사: I am surprised at the result. 나는 그 결과에 놀랐다.
　　I am interested in fashion. 나는 패션에 관심이 있다.
　ⓒ be + 현재분사(동사-ing): I am talking about responsibility. 나는 책임에 관해 말하고 있다.

② 일반동사를 사용하는 경우
　I appreciate your cooperation. 당신의 협조에 감사드립니다.
　I feel like going out for a walk. 나는 산보하러 나가고 싶다.
　I don't want to waste my time. 나는 시간을 낭비하고 싶지 않다.

③ 조동사를 사용하는 경우
　I need to exercise more often. 나는 좀 더 자주 운동을 할 필요가 있다.
　I have to do some work today. 오늘 해야 할 일이 좀 있어.
　I would like to introduce my friend. 나는 내 친구를 소개하려 합니다.

Unit 01

자기 소개
I am from ... / I am on ... /
I am ready ... / I am good at ...

Preview

1. 나는 보스톤 출신입니다.   I am from Boston.
2. 나는 다이어트 중입니다.   I am on a diet.
3. 나는 이제 외출할 준비가 되어 있어요.   I am ready to go out now.
4. 나는 아직 준비가 되지 않았어요.   I am not ready yet.
5. 나는 수영을 잘합니다.   I am good at swimming.
6. 나는 노래를 잘 부르지 못합니다.   I am not good at singing.

Preview Exercise

ⓐ at ⓑ to ⓒ on ⓓ for ⓔ from

1. 나는 오늘 밤 야근입니다.   I am _____ duty tonight.
2. 나는 기타를 잘 칩니다.   I am good _____ playing the guitar.
3. 나는 이제 외출할 준비가 되어 있어요.   I am ready _____ go out now.
4. 나는 그 일을 할 준비가 아직 되지 않았어요.   I am not ready _____ the task.
5. 나는 중산층 가정 출신입니다.   I am _____ a middle class family.

1. ⓒ 2. ⓐ 3. ⓑ 4. ⓓ 5. ⓔ

Pattern 01 I am from …

나는 … 출신이다

I am from …은 도시, 국가, 또는 학교 등을 나타내는 단어와 함께 사용되어 '… 출신이다'라는 의미를 표현한다. 동사는 be 대신 come을 사용할 수 있다. I come from Montreal. 나는 몬트리올 출신입니다.

Step 1 Basic Pattern 기초 패턴

I am from
나는 … 출신입니다

- Seoul. 서울
- Boston. 보스톤
- this area. 이 지역
- a middle class family. 중산층 가정
- a small fishing village. 작은 어촌

* middle class 중산층 / fishing village 어촌

Step 2 Situation Dialog 상황 대화

A I think we haven't met before.
B I am new here. I am from France.
A Then you are an exchange student. Nice to see you. My name is Kim.
B Nice to see you too, Kim. My name is Adrien.

* exchange student 교환 학생

A 우리 전에 만난 적이 없는 것 같아.
B 나는 이곳이 처음이야. 프랑스에서 왔어.
A 그렇다면 교환학생이구나. 만나서 반가워. 나는 김이라고 해.
B 나도 만나서 반가워. 나는 에드리언이라고 해.

Step 3 Exercise 연습 문제

1 나는 에섹스 출신입니다. (Essex)

_____

2 나는 텍사스 출신이며 현재는 워싱턴에 거주하고 있습니다. (currently / reside in)

_____

* reside는 '살다, 거주하다'의 의미로 live과 같은 뜻이다. 장소의 전치사 in과 함께 사용한다.

Answer 1. I am from Essex. 2. I am from Texas, currently reside in Boston.

Pattern 02 I am on ...

나는 …하는 중이다

장소나 위치를 나타내는 전치사 on이 be동사와 연결되어 '…을 하고 있는' 또는 '… 중에 있는'의 의미를 나타낼 수 있다.

Step 1 Basic Pattern 기초 패턴

I am on 나는 … 중입니다

a diet. 다이어트
a break. 휴식
the phone. 통화
duty tonight. 오늘 밤 야근(입니다)
my way home. 집으로 가고 있는

* on diet 다이어트 중 / on a break 휴식 중 / on the phone 통화 중 / on duty 근무 중

Step 2 Situation Dialog 상황 대화

A Hello, can I speak with Mr. Smith, please?
B I'm sorry, but he is on another line right now. Would you hold for a moment?
A No, that's OK. I will call back later.

A 여보세요, 스미스 씨와 통화할 수 있을까요?
B 죄송하지만, 그는 통화 중입니다. 잠시 기다리시겠습니까?
A 괜찮습니다. 나중에 다시 전화하겠습니다.

* on another line은 '다른 전화선으로 통화를 하고 있는'의 의미이다. on the line은 on the phone과 비슷한 의미로 사용된다.

Step 3 Exercise 연습 문제

1 나는 언제나 너의 편이야. (on your side)
_____

2 우리는 이번 주 휴가입니다. (holiday)
_____

Answer 1. I am always on your side. 2. We are on holiday this week.

Pattern 03 I am ready to/for …
나는 …할 준비가 되어 있다

준비가 된 상태임을 표현한다. 부정사 to 다음에는 동사원형을, 전치사 for 다음에는 명사 또는 동명사를 연결시킨다. ready for something / ready to do something

Step 1 Basic Pattern 기초 패턴

I am ready
나는 준비가 되어 있습니다

for the work.
그 일을 할
for a new challenge.
새로운 도전을 할
to go out now.
이제 외출할
to answer your questions.
당신의 질문에 대답할
to start working immediately.
즉시 일을 시작할

* challenge 도전 / immediately 즉시, 바로

Step 2 Situation Dialog 상황 대화

A The movie starts at 8 P.M. We don't have much time.
B How long does it take to get to the cinema?
A Usually an hour, but it could take longer at this time of day.
B Ok, I am ready to go now.

A 영화는 8시 시작이야. 시간이 얼마 없어.
B 극장까지 가는 데 얼마나 걸려?
A 보통 한 시간 걸려, 하지만 지금 이 시간에는 더 걸릴 수도 있어.
B 알았어, 이제 갈 준비가 됐어.

Step 3 Exercise 연습 문제

1 나는 새로운 과제를 할 준비가 되어 있습니다. (new task)

_____

2 나는 어느 회사를 위해서든 일할 준비가 되어 있습니다. (work for)

_____

Answer 1. I am ready for a new task. 2. I am ready to work for any company.

Pattern 04 I am not ready to/for …

나는 …할 준비가 되어 있지 않다

'…할 준비가 된(be ready)'의 부정 표현이다. 시기, 심적 상태, 또는 외부 상황이 여의치 않아 어떤 일을 할 수 없다는 표현을 할 때 사용할 수 있다. '아직 …하지 않다'는 의미로 종종 yet과 함께 표현한다.

Step 1 Basic Pattern 기초 패턴

I am not ready
나는 준비가 되어 있지 않습니다

yet.
아직
for the task.
그 일을 할
to retire yet.
아직 은퇴할
to go out yet.
아직 외출할
to make a decision right now.
지금 당장 결정을 내릴

* retire 은퇴하다 / make a decision 결정을 내리다

Step 2 Situation Dialog 상황 대화

A It's way past your bedtime!
B I am not ready to go to sleep. I am not sleepy.
A I told you that you should not drink coffee late at night.
B You may be right, but there's some work I need to finish tonight.

A 잠잘 시간이 한참 지났어.
B 아직 잘 준비가 되지 않았어. 잠이 오지도 않고.
A 내가 밤 늦게 커피 마시지 말라고 했었잖아.
B 네 말이 맞아, 하지만 오늘 저녁까지 마쳐야 할 일이 있어.

Step 3 Exercise 연습 문제

1 나는 다음 단계를 할 준비가 되지 않았습니다. (next step)

_____

2 나는 아직 그 일을 할 준비가 되지 않았습니다. (do the task)

_____

Answer 1. I am not ready for the next step. 2. I am not ready to do the task yet.

Pattern 05

I am good at ...
나는 …에 능숙하다

'…을 잘한다, 능숙하다'라는 의미의 표현이다. 전치사 at 다음에 명사 또는 동명사가 사용된다.
be good at + 명사 / be good at + 동사-ing

Step 1 Basic Pattern 기초 패턴

I am good at
나는 …에 능숙합니다

chess. 장기
drawing. 그림
swimming. 수영
playing the guitar. 기타
playing badminton. 배드민턴

*draw 그림을 그리다

Step 2 Situation Dialog 상황 대화

A What is your hobby?
B My hobby is playing video games.
A Do you like playing any sports?
B I like tennis and I am pretty good at it.

A 너의 취미는 뭐니?
B 내 취미는 컴퓨터 게임을 하는 거야.
A 좋아하는 운동은 있어?
B 테니스를 좋아해. 그리고 꽤 잘 치는 편이야.

Step 3 Exercise 연습 문제

1 나는 수학을 잘합니다. (math)

___

2 나는 축구를 꽤 잘했었습니다. (used to / quite)

___

Answer 1. I am good at math. 2. I used to be quite good at playing football.

Pattern 06

I am not good at … 나는 …에 능숙하지 않다
I am poor at … 나는 …에 서툴다

'…을 잘하지 못하다.' 또는 '…에 서툴다'는 의미의 표현이다. 서툴다는 것을 더 강하게 표현하고 싶을 때는 terrible을 사용할 수 있다. I am really terrible at numbers. 나는 숫자에 매우 약하다.

Step 1 Basic Pattern 기초 패턴

I am not good at
나는 …에 능숙하지 않습니다

- **singing.** 노래
- **playing cards.** 카드 게임
- **making new friends.** 새로운 친구를 사귀는 것

I am poor at
나는 …에 서투릅니다

- **French.** 프랑스어
- **parking.** 주차

* play cards 카드 놀이를 하다 / make a friend 친구가 되다, 친구를 사귀다

Step 2 Situation Dialog 상황 대화

A I think we have met before.
B We attended summer classes together last year. You are … Tom, aren't you?
A Yes, I am. You are … I am sorry. I am poor at recalling names.
B Never mind, my name is Jane. Nice to see you again.

* recall 기억해내다, 상기하다

A 우리 전에 만났던 것 같은데.
B 작년 여름 학기 수업을 함께 들었었잖아. 너… 톰이지, 그렇지?
A 그래 맞아. 네 이름이… 미안해. 나는 이름을 잘 기억하지 못해.
B 괜찮아. 내 이름은 제인이야. 다시 만나서 반가워.

Step 3 Exercise 연습 문제

1 나는 워드 프로세스를 잘하지 못합니다. (word processing)

_____

2 나는 테니스 치는 것을 좋아합니다, 하지만 아주 잘하지는 못합니다. (like -ing)

_____

Answer 1. I am not good at word processing. 2. I like playing tennis, but I'm not very good at it.

Review Exercise

A. 단어의 맞는 뜻을 찾아 연결하시오.

1. reside
2. retire
3. draw
4. recall
5. challenge

ⓐ 도전하다
ⓑ 은퇴하다
ⓒ 거주하다
ⓓ 기억해내다
ⓔ 그림을 그리다

B. 문맥에 알맞은 어구를 찾아 문장을 완성하시오.

1. 나는 집으로 가고 있는 중입니다.

   I am _____ home.

2. 나는 수영을 잘합니다.

   I am _____ swimming.

3. 나는 아직 외출할 준비가 되지 않았어요.

   I am _____ go out yet.

4. 나는 작은 어촌 출신입니다.

   I am _____ a small fishing village.

5. 나는 새로운 친구를 사귀는 데 서툽니다.

   I am _____ making new friends.

ⓐ good at
ⓑ on my way
ⓒ not ready to
ⓓ not good at
ⓔ from

C. Speaking Exercise 다음 문장을 영어로 표현하시오.

1. 나는 남동부의 소도시 출신입니다.

2. 나는 친구와 통화하고 있는 중입니다. (with)

3. 우리는 협상을 시작할 준비가 되어 있습니다.

4. 나는 아직 이 문제에 관해 결정을 내릴 준비가 되지 않았습니다. (on this issue)

5. 나는 테니스를 잘 칩니다.

6. 나는 수학을 잘하지 못합니다.

Unit 02

감정 표현
I am glad ... / I am happy ... /
I am willing ... / I am sure ...

Preview

1. 여기 오게 되어 기쁩니다. I am glad to be here.
2. 네가 나를 위해 이 일을 해줘서 기뻐. I am glad that you did this for me.
3. 나는 그 보고서에 만족합니다. I am happy with the report.
4. 나는 기꺼이 당신을 돕겠습니다. I am willing to help you.
5. 나는 그의 성공을 확신합니다. I am sure of his success.
6. 그가 올 것인지 확실하지 않습니다. I am not sure if he will come.

Preview Exercise

ⓐ glad ⓑ willing to ⓒ sure ⓓ not sure ⓔ happy with

1. 나는 기꺼이 당신과 함께 일하겠습니다. I am _____ work with you.
2. 나는 그녀가 네게 전화를 할 것이라고 확신해. I am _____ that she will call you.
3. 나는 내가 하고 있는 일에 만족합니다. I am _____ what I am doing.
4. 나는 그녀가 무엇을 좋아할지 잘 모르겠어요. I am _____ what she would like.
5. 당신이 제시간에 임무를 끝내서 기쁩니다. I am _____ that you finished the task on time.

1. ⓑ 2. ⓒ 3. ⓔ 4. ⓓ 5. ⓐ

Pattern 01 I am glad to …

나는 …해서 기쁘다, 기꺼이 …하다

'…하게 되어 기쁘다' 또는 '기꺼이 …하다'는 의미로 사용된다. 여기서 to는 부정사이므로 동사원형을 연결시켜야 한다.

Step 1 Basic Pattern 기초 패턴

I am glad to 나는 기쁩니다
- **be here.** 여기 오게 되어
- **hear from you.** 당신으로부터 소식을 듣게 되어
- **accept your invitation.** 기꺼이 당신의 초대를 수락하게 되어
- **have a friend like you.** 당신 같은 친구가 있어서
- **see you agree with me.** 당신이 내 말에 동의를 해주어서

* accept 받아들이다 / invitation 초대 / agree with 동의하다

Step 2 Situation Dialog 상황 대화

A Do you have any plans for the weekend?
B Nothing in particular. Why?
A I am going to have a barbeque party on Saturday. Would you like to come?
B Thank you for asking. I am glad to join you.

* in particular 특히, 특별히

A 주말에 특별한 계획이 있어?
B 특별한 것은 없어. 왜?
A 토요일에 바비큐 파티를 열려고 해. 오지 않을래?
B 물어봐줘서 고마워. 기꺼이 갈게.

Step 3 Exercise 연습 문제

1 당신을 다시 만나게 되어 정말 기쁩니다. (see / again)

_____

2 당신과 함께 일하게 되어 기쁩니다. (work with)

_____

Answer
1. I am really glad to see you again.
2. I am glad to work with you. / I am glad to be working with you.

Pattern 02 I am glad (that) ...

나는 …해서 기쁘다

I am glad to …와 근본적으로 같은 의미의 표현이다. 기뻐하는 것은 1인칭이지만 행위나 동작의 주체는 2인칭 또는 3인칭이 될 수 있다.

Step 1 Basic Pattern 기초 패턴

I am glad that
나는 기쁩니다

you did this for me.
당신이 나를 위해 이 일을 해줘서

you finished the task on time.
당신이 제시간에 임무를 끝내서

you decided to join our team.
당신이 우리 팀에 합류하기로 결정해서

you have had a good result.
당신이 좋은 결과를 얻어서

all of you came back safely.
여러분 모두가 안전하게 돌아와서

* on time 시간에 맞게 / have a result 결과를 얻다

Step 2 Situation Dialog 상황 대화

A How was your job interview last week?
B I think I did well. I received an acceptance letter this morning.
A Really? I am so glad that you finally got a job.

* acceptance letter 합격 통지서

A 지난주 인터뷰는 어땠어?
B 잘 했었던 것 같아, 왜냐하면 오늘 아침 합격 통보를 받았거든.
A 그래? 네가 드디어 취업이 되어 정말 기뻐.

Step 3 Exercise 연습 문제

1 네가 나하고 함께 있어서 기뻐. (be here with)

___

2 나는 모두가 결과에 만족해서 기쁩니다. (be pleased with)

___

Answer 1. I am glad (that) you are here with me. 2. I am glad (that) everyone is pleased with the result.

Pattern 03 I am happy to/with ...
나는 …해서 기쁘다, 만족하다

'…해서 기쁘다' 또는 '만족하다'의 의미로 happy를 사용할 수 있다. 근본적으로 I am glad … 그리고 I am pleased …와 의미의 차이는 없다.

Step 1 Basic Pattern 기초 패턴

I am happy
나는 기쁩니다

with the report.
그 보고서에
with my current role.
현재의 역할에
with what I am doing.
내가 하고 있는 일에
to accept the offer.
그 제안을 받아들이게 되어
to answer your questions.
질문에 기꺼이 대답할 수 있어

* current 현재의

Step 2 Situation Dialog 상황 대화

A Are you going on the school trip next week?
B Yes, I am. How about you? You previously told me you are not going.
A Yeah… but I changed my mind. I will go too.
B That's great. I am really happy to go with you.

* previously 미리, 이전에 / change one's mind 생각을 바꾸다

A 다음 주 수학여행 갈 거니?
B 너는 어떻게 할 거니? 일전에 나한테 가지 않을 거라고 말했었잖아.
A 그랬었지… 근데 생각을 바꿨어. 나도 가기로 했어.
B 잘됐네. 너와 함께 갈 수 있게 되어 정말 기뻐.

Step 3 Exercise 연습 문제

1 나는 오늘의 결과에 만족합니다. (today's result)

_____

2 나는 당신과 함께 시간을 보낼 수 있게 되서 기쁩니다 (spend time with)

_____

Answer 1. I am happy with today's result. 2. I am happy to spend time with you.

Pattern 04

I am willing to ...
나는 기꺼이 …할 것이다

willing은 '기꺼이 …하는, 자발적인, 적극적인' 등의 의미를 갖는다. 따라서 I am willing to …는 I am glad to …나 I am happy to …보다 훨씬 더 적극적으로 참여 의사를 나타내는 표현이다.

Step 1 | Basic Pattern 기초 패턴

I am willing to
나는 기꺼이 … 것입니다

help you.
당신을 도울
take the job.
이 일을 맡을
take on the role.
그 역할을 맡을
work with you.
당신과 함께 일할
make a trade with you.
당신과 거래할

* take on the role 역할을 맡다 / make a trade 거래하다

Step 2 | Situation Dialog 상황 대화

A What club activities do you do?
B Club activities? I am not doing any.
A How about joining our canoe club? We are looking for new members.
B It sounds fun. I am willing to join your club.

A 어떤 클럽 활동하고 있어?
B 클럽 활동이라고? 아무것도 하는 게 없어.
A 우리 카누 클럽에 드는 건 어때? 신입 회원을 모집 중이거든.
B 그것 재미있겠는데. 기꺼이 너희 클럽에 들게.

Step 3 | Exercise 연습 문제

1 나는 모험을 하고 싶지 않아요. (take a risk)

_____

2 나는 기꺼이 당신의 제안을 고려하겠습니다. (consider / suggestions)

_____

Answer 1. I am not willing to take a risk. 2. I am willing to consider your suggestions.

Pattern 05 I am sure of/that ...
…라고 확신하다

'확신하다, 자신하다, 틀림이 없다'라는 의미를 나타내는 표현이다. 전치사 of 다음에는 명사나 동명사를, 관계사 that 다음에는 주어 동사가 있는 절을 사용해야 한다. 구어체 표현에서는 종종 that을 생략한다.

Step 1 Basic Pattern 기초 패턴

I am sure 나는 확신합니다
- **of his success.** 그의 성공을
- **of his coming on time.** 그가 제시간에 올 것이라고
- **that she will call you.** 그녀가 당신에게 전화를 할 것이라고
- **that the numbers are accurate.** 그 수치가 정확하다고
- **that he will agree with you.** 그가 당신의 의견에 동의할 것으로

* accurate 정확한

Step 2 Situation Dialog 상황 대화

A Do we have to cancel our picnic tomorrow? It's been raining all day today.
B No, there is no need to do that. I am sure that it will be sunny tomorrow.
A How are you so sure?
B Weather forecasts are very reliable these days.

* weather forecast 일기예보 / reliable 믿을 수 있는, 신뢰할 수 있는

A 내일 소풍을 취소해야 할까? 오늘 하루 종일 비가 내리고 있어.
B 아니야, 그럴 필요는 없어. 내일 날씨가 맑을 것이라고 확신해.
A 어떻게 그렇게 자신하지?
B 요즘 일기예보는 매우 믿을 수 있거든.

Step 3 Exercise 연습 문제

1 나는 그의 정직성을 믿습니다. (honesty)

_____

2 나는 그가 당신에게 도움을 청할 것이라고 확신합니다. (ask one's help)

_____

Answer 1. I am sure of his honesty. 2. I am sure that he will ask your help.

Pattern 06 I am not sure …

나는 …인지 확실하지 않다

어떤 사항에 대해 알고 있는 것이 확실하지 않거나, 자신이 없을 때 사용하는 표현이다. 주로 if 나 whether, 또는 what, why, how 등과 같은 의문사와 함께 쓰인다.

Step 1 Basic Pattern 기초 패턴

I am not sure
나는 확실하지 않습니다

if he will come.
그가 올 것인지
when he will come.
그가 언제 올 것인지
what she would like.
그녀가 무엇을 좋아할지
why she came back so early.
그녀가 왜 그렇게 일찍 돌아왔는지
whether I understand you correctly.
내가 당신을 정확히 이해했는지

Step 2 Situation Dialog 상황 대화

A Wait a second. I will be back in a minute.
B What is the problem?
A I am not sure whether I locked my car doors. I think I have to go back to check.
B Don't rush. I will be here.

* lock 잠그다 / rush 서두르다

A 잠깐만 기다려. 금방 돌아올게.
B 무슨 일이 생겼어?
A 내가 차 문을 잠갔는지 확실하지가 않아. 되돌아가서 확인해봐야겠어.
B 서두르지 마. 여기서 기다리고 있을게.

Step 3 Exercise 연습 문제

1 내가 무엇을 할 수 있을지 잘 모르겠어. (do)

_____

2 내가 올바른 결정을 내렸는지 잘 모르겠어. (make a decision)

_____

Answer 1. I am not sure what I can do. 2. I am not sure if I made the right decision.

Review Exercise

A. 동사구의 맞는 뜻을 찾아 연결하시오.

1. agree with
2. make a trade
3. have a result
4. take on the role
5. change one's mind

ⓐ 거래하다
ⓑ 동의하다
ⓒ 역할을 맡다
ⓓ 결과를 얻다
ⓔ 생각을 바꾸다

B. 문맥에 알맞은 어구를 찾아 문장을 완성하시오.

1. 당신으로부터 소식을 듣게 되어 기쁩니다.
   I am _____ hear from you.
2. 나는 기꺼이 그 역할을 맡을 것입니다.
   I am _____ take on the role.
3. 나는 내가 하고 있는 일에 만족합니다.
   I am _____ what I am doing.
4. 나는 그 수치가 정확하다고 확신합니다.
   I am _____ the numbers are accurate.
5. 나는 내가 당신을 정확히 이해했는지 잘 모르겠습니다.
   I am _____ I understand you correctly.

ⓐ happy with
ⓑ glad to
ⓒ willing to
ⓓ not sure whether
ⓔ sure that

C. Speaking Exercise 다음 문장을 영어로 표현하시오.

1. 나는 다시 이곳으로 돌아와서 기쁩니다. (glad)

2. 나는 네가 무사히 돌아와서 기뻐. (safe and sound)

3. 나는 당신의 도전을 받아들이게 되어 기쁩니다. (challenge)

4. 나는 필요하다면 기꺼이 위험을 감수할 것입니다. (take a risk)

5. 나는 그가 정직하고 신뢰할 수 있는 사람이라고 확신합니다. (trustworthy)

6. 나는 그 정보가 정확한지 자신이 없습니다.

Unit 03

예정 및 계획
I am going to ... / I am trying to ... / I am about to ...

Preview

1. 나는 당신에게 뭔가를 말해주려 합니다. I am going to tell you something.
2. 나는 그를 만나지 않을 것입니다. I am not going to meet him.
3. 나는 쇼핑하러 갈 계획입니다. I am planning to go shopping.
4. 나는 너를 도우려 하는 중이야. I am trying to help you.
5. 나는 막 도서관에 가려는 중입니다. I am about to go out to the library.
6. 나는 회의를 하고 있는 중입니다. I am in the middle of a meeting.

Preview Exercise

ⓐ going ⓑ about ⓒ planning ⓓ trying ⓔ middle

1. 나는 침착해지려 애쓰고 있는 중입니다. I am _____ to stay calm.
2. 나는 시험을 치고 있는 중입니다. I am in the _____ of a test.
3. 나는 아무 말도 하지 않을 것입니다. I am not _____ to say anything.
4. 나는 곧 학위 과정이 끝납니다. I am _____ to finish my degree course.
5. 나는 이번 주말은 집에서 지낼 계획입니다. I am _____ to stay home this weekend.

1. ⓓ 2. ⓔ 3. ⓐ 4. ⓑ 5. ⓒ

Pattern 01 I am going to ...
나는 …하려 한다

'…하려 한다' 또는 '…할 것 같다'라는 의미로 가까운 미래에 발생하거나, 의도하는 일에 관한 표현이다.

Step 1 Basic Pattern 기초 패턴

I am going to
나는 … 합니다

tell you something.
당신에게 뭔가를 말해주려
give you something.
당신에게 뭔가를 주려고
eat out tonight.
오늘 저녁은 외식을 하려
be very busy this week.
이번 주 매우 바쁠 것 (같다)
visit my grandparents next week.
다음 주 나의 조부모님들을 방문하려

* eat out 외식하다

Step 2 Situation Dialog 상황 대화

A What is your plan tonight?
B I am going to see a movie. Are you coming with me?
A Ok, do you have any movie in mind?
B Not yet. What movie do you like?

* have something in mind 염두에 두다, 기억해두다

A 오늘 저녁에 뭐할 거야?
B 영화를 보러 가려고 해. 같이 갈래?
A 좋아, 생각해둔 영화가 있어?
B 아직 없어. 너는 어떤 영화를 좋아하니?

Step 3 Exercise 연습 문제

1 나는 당신에게 기회를 한 번 더 주고자 합니다. (one more chance)

___

2 나는 무엇이 일어났는지에 관해 말하고자 합니다. (what happened)

___

Answer 1. I am going to give you one more chance. 2. I am going to talk about what happened.

Pattern 02 I am not going to …
나는 …하지 않을 것이다

'… 하지 않을 것이다'의 의미로 단순한 행위가 아니라, 화자의 의도 또는 의지가 포함되어 있다: I don't want to …와 therefore, I will not …의 두 가지 의미를 모두 가지고 있다.

Step 1 Basic Pattern 기초 패턴

I am not going to
나는 … 않을 것입니다

do it. 그것을 하지
meet him. 그를 만나지
invite him. 그를 초대하지
say anything. 아무 말도 하지
disappoint you. 당신을 실망시키지

* '실망시키다'는 동사 disappoint 외에도, 구어체 동사구 let down으로 표현할 수 있다:
I am not going to let you down. / I won't let you down.

Step 2 Situation Dialog 상황 대화

A Mike, have you been to that new restaurant?
B Yes, I have been there once, but I'm not going to be eating there again.
A Why not? Was the food bad?
B The food was just average, but the price was terribly high.

* average 평균의

A 마이크, 저 새로 개업한 식당에 가봤어?
B 한 번 가봤어, 하지만 다시는 그곳에서 식사를 하지 않을 거야.
A 왜? 음식이 나빴어?
B 음식은 그저 보통이었어, 하지만 가격이 터무니없이 비쌌어.

Step 3 Exercise 연습 문제

1 나는 당신을 혼자 내버려두지 않을 것입니다. (leave someone alone)

_____

2 나는 당신에게 아무 말도 해주지 않을 것입니다. (tell someone something)

_____

Answer 1. I am not going to leave you alone. 2. I am not going to tell you anything.

Pattern 03 I am planning to ...
나는 …할 계획이다

'꾀하다,' 또는 '계획하다'라는 의미를 나타낸다. 화자의 의도가 강하게 들어 있는 표현이므로 비인칭 대명사나 사물이 주어가 될 수 없다.

Step 1 Basic Pattern 기초 패턴

I am planning to
나는 … 계획입니다

go shopping.
쇼핑하러 갈

stay home this weekend.
이번 주말은 집에서 지낼

apply for my visa next month.
다음 달 비자를 신청할

go to a business trip to Beijing next week.
다음 주 베이징으로 업무 여행을 갈

make an overnight trip to Jeju Island.
제주도로 1박 2일 여행을 갈

*apply for 지원하다, 신청하다 / overnight trip 1박 여행

Step 2 Situation Dialog 상황 대화

A I heard you are going to Paris soon.
B Yes, I am. I applied to an art school there and got an admission.
A Good for you! How long are you going to stay in Paris?
B I am planning to stay for one year.

*get an admission 입학 허가를 받다, 합격하다

A 네가 곧 파리로 간다고 들었어.
B 그래, 맞아. 그곳의 미술 학교에 지원했었는데 입학 허가를 받았거든.
A 잘됐네! 파리에는 얼마나 오래 머물 예정이야?
B 일 년 동안 있을 계획이야.

Step 3 Exercise 연습 문제

1 나는 6월에 파리를 방문할 계획입니다. (visit)

_____

2 나는 내일 돌아올 계획입니다. (come back)

_____

Answer 1. I am planning to visit Paris in June. 2. I am planning to come back tomorrow.

Pattern 04 I am trying to …

나는 …하려 애쓰고 있다

'시도하다' 또는 '노력하다'라는 의미의 동사 try를 사용하여 어떤 일을 하려고 애쓰거나 노력하고 있음을 표현하는 구문이다.

Step 1 Basic Pattern 기초 패턴

I am trying to
나는 … 애쓰고 있습니다

help you.
당신을 도우려

stay calm.
침착해지려

work hard.
열심히 일하려고

be fair to everyone.
모두에게 공평해지려고

find a solution to the problem.
그 문제에 대한 해결책을 찾으려고

* calm 침착한, 차분한 / fair 공정한, 공평한 / find a solution 해답을 찾다, 해법을 찾다

Step 2 Situation Dialog 상황 대화

A He looks very familiar to me.
B Yes, haven't we seen him before?
A Just a moment, I am trying to remember his name.

A 저 사람 매우 낯이 익은데.
B 그래, 우리 그를 전에 만나지 않았어?
A 잠깐만, 그의 이름을 기억해내려 애쓰는 중이야.

Step 3 Exercise 연습 문제

1 나는 몇 가지 사항들을 명확히 하려 노력하고 있습니다. (clarify a few things)

___

2 나는 당신을 도울 사람을 찾으려 노력하고 있습니다. (find someone to …)

___

Answer 1. I am trying to clarify a few things. 2. I am trying to find someone to help you.

33

Pattern 05: I am about to …

나는 막 …하려고 하는 중이다

어떤 행위나 동작을 막 시작하려고 할 때 사용하는 표현이다. 유사 구문으로는 be going to … 또는 be on the verge of …가 있다. am 대신 was를 쓰면 과거형이 된다. I was about to leave. = I was going to leave. = I was on the verge of leaving. 나는 막 떠나려는 참이었다.

Step 1 Basic Pattern 기초 패턴

I am about to
나는 막 … 하는 중입니다

- **buy a new computer.** 새 컴퓨터를 사려고
- **go out to the library.** 도서관에 가려고
- **watch movie with my friend.** 친구와 영화를 보러 가려고
- **finish my degree course.** 학위 과정이 (곧 끝납니다.)
- **tell you something important.** 당신에게 중요한 말을 하려고

* degree course 학위 과정

Step 2 Situation Dialog 상황 대화

A Hi, Grace, good to see you. I was about to call you.
B Is there anything I can do for you?
A No, I am just wondering if you are free on Friday evening. I've got two concert tickets.

A 안녕, 그레이스, 잘 만났어. 네게 막 전화하려던 참이었어.
B 내가 뭐 도울 일이라도 있는거야?
A 아니야, 그냥 네가 금요일 저녁에 시간이 있는지 알고 싶어서. 콘서트 티켓이 두 장 생겼거든.

Step 3 Exercise 연습 문제

1. 나는 내 컴퓨터를 업그레이드하려 합니다. (upgrade)

_____

2. 나는 나의 가족들을 위해 항공권을 예매하려 합니다. (book)

_____

Answer 1. I am about to upgrade my computer. 2. I am about to book airline tickets for my family.

Pattern 06 I am in the middle of ...

나는 …하는 중이다

'한창 …을 하고 있는 중이다'라는 표현이다. 전치사 of 다음에 명사 또는 동명사를 사용한다. 사물이 주어인 경우 '…의 중앙에 위치하다' 또는 '…의 한가운데에 있다'는 의미가 된다.
A large table was in the middle of the meeting room. 큰 탁자가 회의실 중앙에 위치해 있었다.

Step 1 Basic Pattern 기초 패턴

I am in the middle of
나는 … 중입니다

a test.
시험을 치는
a meeting.
회의
cooking.
요리
writing an email.
이메일을 쓰는
cleaning my room.
내 방을 청소하는

Step 2 Situation Dialog 상황 대화

A Did you call me this morning?
B Yes, I did, but couldn't reach you.
A I'm sorry I missed your call. I was in the middle of a presentation.

* reach 이르다, 도달하다

A 오늘 아침에 나한테 전화했었어?
B 했었지, 그런데 연결이 되지 않았어.
A 미안해, 내가 전화를 받지 못했어. 나는 발표하고 있던 중이었거든.

Step 3 Exercise 연습 문제

1 내가 뭘 좀 하고 있는 중이야. (something)

_____

2 나는 매우 중요한 일을 하고 있는 중이야. (important)

_____

Answer 1. I am in the middle of doing something. 2. I am in the middle of some very important work.

Review Exercise

A. 단어의 맞는 뜻을 찾아 연결하시오.

1. reach
2. eat out
3. apply for
4. disappoint
5. find a solution

ⓐ 지원하다
ⓑ 실망시키다
ⓒ 도달하다
ⓓ 해답을 찾다
ⓔ 외식하다

B. 문맥에 알맞은 어구를 찾아 문장을 완성하시오.

1. 나는 요리를 하고 있는 중입니다.

    I am _____ cooking.

2. 나는 당신을 실망시키지 않을 것이다.

    I am _____ disappoint you.

3. 나는 6월에 파리를 방문할 계획입니다.

    I am _____ visit Paris in June.

4. 나는 당신에게 중요한 말을 하려고 합니다.

    I am _____ tell you something important.

5. 나는 그 문제에 대한 해결책을 찾으려고 노력하고 있습니다.

    I am _____ find a solution to the problem.

ⓐ not going to
ⓑ planning to
ⓒ in the middle of
ⓓ trying to
ⓔ about to

C. Speaking Exercise 다음 문장을 영어로 표현하시오.

1. 나는 이곳에 집을 지을 것입니다.

2. 나는 그 행사에 참석하지 않을 것입니다.

3. 나는 내년에 새로운 사업을 시작할 계획입니다.

4. 나는 그가 회의에 참석하도록 설득하고 있습니다. (persuade him to)

5. 나는 어젯밤에 목격한 것을 당신에게 말하려고 합니다. (something I saw)

6. 나는 보고서를 작성하고 있는 중입니다. (write a report)

Unit 04

기대 또는 요청
I am looking for ...
/ I am asking for ...
/ I am talking about ...

Preview

1. 나는 내 지갑을 찾고 있어요. I am looking for my wallet.
2. 당신을 만날 것을 기대합니다. I am looking forward to seeing you.
3. 나는 당신의 의견을 구합니다. I am asking for your opinion.
4. 나는 안전에 관해 말하는 중입니다. I am talking about safety.
5. 나는 당신에게 몇 가지 질문을 하려고 전화합니다. I am calling to ask you a few questions.
6. 나는 새 자전거를 사려고 생각 중입니다. I am thinking of buying a new bike.

Preview Exercise

ⓐ calling ⓑ asking ⓒ talking ⓓ thinking ⓔ looking

1. 나는 내 안경을 찾고 있어요. I am _____ for my glasses.
2. 나는 당신의 조언을 구합니다. I am _____ for your advice.
3. 나는 비용에 관해 말하는 중입니다. I am _____ about costs.
4. 나는 예약하려고 전화합니다. I am _____ to make a reservation.
5. 나는 식당을 개업하려고 생각 중입니다. I am _____ of opening a restaurant.

1. ⓔ 2. ⓑ 3. ⓒ 4. ⓐ 5. ⓓ

Pattern 01

I am looking for ...
나는 …을 찾고 있다

사람이나 사물, 또는 장소 등을 찾을 때 사용하는 표현이다.

Step 1 Basic Pattern 기초 패턴

I am looking for
나는 찾고 있습니다

my cat.
나의 고양이를
my wallet.
내 지갑을
my glasses.
내 안경을
the post office.
우체국을
reliable suppliers.
믿을 수 있는 공급 업체를

* reliable 믿을 수 있는 / supplier 공급체

Step 2 Situation Dialog 상황 대화

A James, I thought you left the office.
B I am looking for my key. I thought I left it in my desk drawer, but cannot find it.
A Have you looked in your car? It could have fallen out of your pocket in the car.

A 제임스, 퇴근한 줄 알았어요.
B 열쇠를 찾고 있어요. 책상 서랍에 넣어두었다고 생각했는데, 찾을 수가 없어요.
A 차 안을 살펴보았나요? 차에 타고 있을 때 주머니에서 흘러 내렸을 수도 있거든요.

Step 3 Exercise 연습 문제

1 버스 터미널을 찾고 있어요. (the bus terminal)

_____

2 누군가 나를 도와줄 사람을 찾고 있어요. (someone to help me)

_____

Answer   1. I am looking for the bus terminal. 2. I am looking for someone to help me.

Pattern 02 I am looking forward to ...

나는 …을 기대하고 있다

주로 편지나 이메일의 맺음말로 사용된다. 또한 일상 대화 중 기대 또는 예상하는 일이나 상황을 표현할 때 유용하게 쓸 수 있는 표현이다. 여기서 to는 전치사이므로 다음에 명사나 동명사가 와야 한다. 그 외에 의문사 또는 관계사를 이용한 절을 사용할 수도 있다.

Step 1 Basic Pattern 기초 패턴

I am looking forward to
나는 기대하고 있습니다

seeing you.
당신을 만날 것을
working with you.
당신과 함께 일할 것을
visiting you next week.
다음 주 당신을 방문할 것을
hearing from her soon.
그녀로부터 소식을 듣게 될 것을
discussing with you about the project.
그 프로젝트에 관해 당신과 논의할 것을

Step 2 Situation Dialog 상황 대화

A I am attending a pottery course this summer.
B Pottery course? I didn't know you were interested in pottery.
A It is for beginners. I am excited and looking forward to attending the classes. Would you like to join me?
B No thank you. I'm not interested.

*pottery 도자기

A 나는 이번 여름에 도자기 과정에 참석하려 해.
B 도자기 과정이라고? 나는 네가 도자기에 관심이 있는 줄 몰랐는데.
A 초보자 과정이야. 나는 그 수업에 참석한다는 것이 신나고 기대돼. 너도 나와 같이 들을래?
B 고맙지만 사양하겠어. 나는 관심이 없어.

Step 3 Exercise 연습 문제

1 나는 좋은 결과를 기대하고 있어요. (good results)

_____

2 나는 일의 귀추를 매우 기대하고 있어요. (how things turn out)

_____

Answer 1. I am looking forward to good results. 2. I am really looking forward to how things turn out.

Pattern 03 I am asking for ...
나는 …을 요청합니다

요청 또는 요구한다는 뜻으로, request나 seek과 같은 의미를 나타낸다. 전치사 for를 생략한 표현도 가능하다.

Step 1 Basic Pattern 기초 패턴

I am asking for 나는 요청합니다

your advice. 당신의 조언을

your opinion. 당신의 의견을

your permission. 당신의 허락을

your consideration. 당신이 고려해줄 것을

your comments and suggestions. 당신의 의견이나 제안을

* permission 허락, 허가 / consideration 고려 / suggestion 제안

Step 2 Situation Dialog 상황 대화

A How can I help you?
B I bought this MP3 player here, but it is not working.
A I am sorry to hear that. What do you want us to do?
B I am asking for a refund.

* refund 환불

A 어떻게 도와드릴까요?
B 여기서 MP3 플레이어를 구입했는데 작동하지 않아요.
A 죄송합니다. 어떻게 해드릴까요?
B 나는 환불을 요청합니다.

Step 3 Exercise 연습 문제

1 나는 이 제안들에 대한 당신의 의견을 구합니다. (comments / proposals)

___

2 나는 컴퓨터 구매에 관해 당신의 조언을 구합니다. (advice about)

___

Answer
1. I am asking for your comments on these proposals.
2. I am asking for your advice about buying a computer.

Pattern 04 I am talking about …

나는 …에 관해 이야기하는 중이다

대화 도중 주제를 다시 한 번 상기시키거나 강조할 필요가 있을 때 사용하는 표현이다. 대화자들 간에 서로 주제에 대한 오해가 있거나 또는 대화가 주제에서 벗어났을 때, 이 표현을 이용하여 다시 본론으로 돌아올 수 있다.

Step 1 Basic Pattern 기초 패턴

I am talking about
나는 …에 관해 이야기하는 중입니다

costs. 비용
safety. 안전
responsibility. 책임
double standards. 불공평한 기준
workplace inequalities. 직장에서의 불평등

* double standards 이중 기준, 상황이나 대상에 따라 다르게 적용되는 공평하지 못한 기준을 의미함.

Step 2 Situation Dialog 상황 대화

A Have you got the results?
B What results do you mean?
A I am talking about the health check-up you had last week.
B No, I haven't received it yet.

* health check-up 건강 검진

A 결과 나왔어?
B 무슨 결과 말인데?
A 지난주 네가 받았던 건강 검진 말이야.
B 아니, 아직 나오지 않았어.

Step 3 Exercise 연습 문제

1 나는 너와 네 친구에 관해 말하는 중이야.

2 나는 말하는 것과 글 쓰는 것 간의 차이에 관해 말하고 있는 중입니다.

Answer
1. I am talking about you and your friend.
2. I am talking about the difference between speaking and writing.

Pattern 05 I am calling to ...
나는 …하려고 전화한다

상대방에게 전화를 한 목적을 설명하는 표현이다. 동사 call이 '방문하다'라는 의미도 있으나, 여기서는 '전화하다'로 사용된다. to는 목적을 나타내는 부정사로 '…을 하기 위해서'를 뜻한다. I am calling to … 또는 I am calling you to …로 표현할 수 있다.

Step 1 Basic Pattern 기초 패턴

I am calling to
나는 전화합니다

make a reservation.
예약을 하려고
ask you a few questions.
당신에게 몇 가지 질문을 하려고
ask about your schedule.
당신의 스케줄에 관해 문의하러
tell you what I saw yesterday.
당신에게 내가 어제 본 것을 말하려
confirm our meeting tomorrow.
내일 있을 우리 회의를 확정하기 위해

* reservation 예약 / confirm 확인하다, 확정하다

Step 2 Situation Dialog 상황 대화

A Grand Hotel, reception.
B Hello, my name is Richard. I am calling to make a reservation for the first weekend in July.
A Thank you, Mr. Richard. What kind of room would you like?
B I'd like a single room, please.

A 그랜드 호텔, 리셉션입니다.
B 안녕하세요, 제 이름은 리차드입니다. 저는 7월 첫째 주말의 예약을 하기 위해 전화합니다.
A 감사합니다, 리차드 씨. 어떤 객실을 원하시나요?
B 1인실을 원합니다.

Step 3 Exercise 연습 문제

1 나는 예약을 확정하러 전화를 합니다. (confirm my reservation)

_____

2 나는 몇 가지 사항을 논의하기 위해 당신에게 전화합니다. (discuss a few things)

_____

Answer 1. I am calling to confirm my reservation. 2. I am calling you to discuss a few things.

Pattern 06 I am thinking of/about ...

나는 …을 생각하고 있다

어떤 일이나 행동을 할 것을 계획하거나 고려하고 있을 때 사용하는 표현이다. 전치사는 of 대신 about을 사용할 수 있다.

Step 1 Basic Pattern 기초 패턴

I am thinking
나는 생각하고 있습니다

of buying a new bike.
새 자전거를 사려고
of opening a restaurant.
식당을 개업하려고
of going to Boston next month.
다음 달 보스톤으로 갈까
of traveling to Greece this summer.
이번 여름 그리스로 여행을 갈까
about becoming a carpenter after school.
졸업 후 목수가 되는 것을

* carpenter 목수

Step 2 Situation Dialog 상황 대화

A Do you have any plans this afternoon?
B Nothing in particular. Why?
A I am thinking of playing tennis. Are you joining me?

A 오늘 오후 무슨 계획이 있어?
B 특별한 일은 없어. 왜?
A 테니스를 칠까 생각 중인데, 함께 갈래?

Step 3 Exercise 연습 문제

1 나는 은행 대출을 신청할까 생각 중입니다. (apply for a bank loan)

　　_____

2 나는 내년 겨울에 호주로 배낭 여행을 갈까 생각 중입니다. (go backpacking)

　　_____

Answer
1. I am thinking of applying for a bank loan.
2. I am thinking of going backpacking in Australia next winter.

Review Exercise

A. 단어의 맞는 뜻을 찾아 연결하시오.

1. supplier
2. pottery
3. carpenter
4. permission
5. reservation

ⓐ 목수
ⓑ 허가
ⓒ 예약
ⓓ 공급체
ⓔ 도자기

B. 문맥에 알맞은 어구를 찾아 문장을 완성하시오.

1. 나는 우체국을 찾고 있어요.
   I am _____ the post office.
2. 나는 책임에 관해 말하고 있는 중입니다.
   I am _____ responsibility.
3. 나는 당신이 고려해줄 것을 요청합니다.
   I am _____ your consideration.
4. 나는 당신의 스케줄에 관해 문의하러 전화합니다.
   I am _____ ask about your schedule.
5. 나는 다음 달 보스톤으로 갈까 생각 중입니다.
   I am _____ going to Boston next month.

ⓐ calling to
ⓑ asking for
ⓒ looking for
ⓓ thinking of
ⓔ talking about

C. Speaking Exercise 다음 문장을 영어로 표현하시오.

1. 나는 시립 도서관을 찾고 있습니다.

2. 나는 다음 달 베니스 방문을 기대하고 있습니다. (Venice)

3. 나는 오늘 발생한 일에 대한 당신의 견해를 요청합니다. (views on)

4. 나는 우리 여행 일정에 관해 말하고 있는 중입니다. (itinerary)

5. 나는 당신에게 몇 가지 변경 사항을 알리기 위해 전화를 합니다.

6. 나는 플로리다로 이사를 갈까 생각 중입니다.

Unit 05

의견 및 제안
I like ... / I want ... / I think ... / I suggest ...

Preview

1. 나는 내 친구를 소개하려 합니다. — I would like to introduce my friend.
2. 나는 당신을 방해하고 싶지 않습니다. — I don't like to disturb you.
3. 나는 책상용 컴퓨터를 사고 싶어. — I want to buy a desktop computer.
4. 나는 내 시간을 낭비하고 싶지 않다. — I don't want to waste my time.
5. 나는 그것이 좋은 아이디어라고 생각해. — I think it is a good idea.
6. 우리가 휴식을 취할 것을 제안합니다. — I suggest we take a break.

Preview Exercise

ⓐ don't like to ⓑ think ⓒ want to ⓓ suggest ⓔ would like to

1. 나는 휴식을 원해. I _____ take a rest.
2. 나는 그곳에 가고 싶지 않아. I _____ go there.
3. 나는 그녀가 널 좋아한다고 생각해. I _____ she likes you.
4. 나는 그 직업에 지원하고 싶습니다. I _____ apply for the job.
5. 나는 당신이 의사의 진찰을 받을 것을 제안합니다. I _____ you consult a doctor.

1.ⓒ 2.ⓐ 3.ⓑ 4.ⓔ 5.ⓓ

Pattern 01 I would like to …

나는 …하고 싶다

…을 하고 싶다 또는 …이 되고 싶다는 의미의 표현이다. I want to …와 의미의 차이는 없으나 좀 더 정중한 표현이다.

Step 1 Basic Pattern 기초 패턴

I would like to
나는 … 싶습니다

join the book club.
그 독서 클럽에 가입하고
apply for the job.
그 직업에 지원하고
introduce my friend.
내 친구를 소개하고
show you some of my works.
당신에게 나의 작품 몇 가지를 보여주고
ask you a few more questions.
당신에게 몇 가지 질문을 더 하고

Step 2 Situation Dialog 상황 대화

A Can I help you?
B Yes, my gym membership is due to expire next week, so I would like to renew it for another year.
A Ok, I'll do it for you. Do you have your membership card with you?
B Sure, here you are.

* expire 만료되다, 만기가 되다 / renew 갱신하다

A 무엇을 도와드릴까요?
B 제 헬스클럽 회원권이 다음 주 만료됩니다. 그래서 1년 더 연장하고 싶습니다.
A 네, 그렇게 해드리겠습니다. 회원 카드를 갖고 계신가요?
B 네, 여기 있습니다.

Step 3 Exercise 연습 문제

1 나는 그 세미나에 참석하고 싶습니다. (attend)

_____

2 나는 당신을 내 생일 파티에 초대하고 싶습니다. (invite)

_____

Answer 1. I would like to attend the seminar. 2. I would like to invite you to my birthday party.

Pattern 02 I don't like to …
나는 …하고 싶지 않다

어떤 일을 싫어하거나 하고 싶지 않음을 표현하는 구문이다. I don't want to … 또는 I don't feel like -ing 등으로 표현할 수도 있다.

Step 1 Basic Pattern 기초 패턴

I don't like to
나는 … 싶지 않습니다

go there.
그곳에 가고
eat alone.
혼자서 식사하고
disturb you.
당신을 방해하고
talk about it.
그것에 관해 이야기하고
argue with you.
당신과 논쟁하고

* disturb 방해하다 / argue 논쟁하다

Step 2 Situation Dialog 상황 대화

A I will have a coffee. What about you?
B I don't like to drink coffee. It keeps me awake at night.
A What would you like to drink, then?
B I'd like an orange juice.

* awake 깨어 있는

A 나는 커피로 할 거야. 너는 어때?
B 나는 커피를 마시고 싶지 않아. 밤에 잠을 못 자거든.
A 그러면 뭐 마실래?
B 오랜지 주스로 하겠어.

Step 3 Exercise 연습 문제

1 나는 방해받고 싶지 않습니다. (be disturbed)

___

2 나는 다시 그 주제를 꺼내고 싶지 않습니다. (raise the subject)

___

Answer 1. I don't like to be disturbed. 2. I don't like to raise the subject again.

Pattern 03 I want to …

나는 …하기를 원한다

'…을 원한다'는 의미로 I would like to …와 큰 차이는 없으나, 더 직설적인 표현이다.

Step 1 Basic Pattern 기초 패턴

I want to
나는 원합니다

take a rest.
쉬기를

buy a desktop computer.
책상용 컴퓨터를 사기를

stay with my grandmother this summer.
이번 여름에는 할머니와 함께 지내기를

investigate this case further.
이 사건을 더 조사해보기를

know more about the training program.
그 연수 과정에 관해 더 알기를

* desktop computer 책상용 컴퓨터 / laptop computer 휴대용 컴퓨터 / investigate 조사하다

Step 2 Situation Dialog 상황 대화

A Can I change the channel?
B Don't you see I am watching TV?
A Please sister, I want to watch a football match. It is the Champions League final. I can't miss it.
B This is my favorite music show. I can't miss it either.

A 채널 바꿔도 돼?
B 내가 TV 보고 있는 것 안 보이니?
A 제발 누나, 축구 경기를 보고 싶어. 챔피언스리그 결승전이거든. 꼭 봐야 해.
B 이건 내가 좋아하는 음악 쇼야. 나도 꼭 봐야 해.

Step 3 Exercise 연습 문제

1 나는 소방관이 되고 싶다. (firefighter)

_____

2 나는 이 상황에서 벗어나고 싶다. (get out of)

_____

Answer 1. I want to become a firefighter. 2. I want to get out of this situation.

I don't want to …

나는 …하기를 원하지 않는다

I would not like to …와 같은 의미이지만, 어감이 더 강하고 직설적인 표현이다.

Step 1 Basic Pattern 기초 패턴

I don't want to
나는 원하지 않습니다

talk to him.
그와 말하기를
waste my time.
내 시간을 낭비하기를
get involved in it.
그 일에 연루되기를
stay here any longer.
이곳에 더 이상 머물기를
see it happen again.
그 일이 다시 발생하는 것을 보기를

* waste 낭비하다 / involve 관련시키다, 연루시키다

Step 2 Situation Dialog 상황 대화

A Are you going to see a movie tonight? I have two tickets.
B I'd like to, but I've got some work to do.
A If you're not going, I don't want to go either. I hate going to the movies alone.
B Why don't you ask Tina? She is a big movie fan.

A 오늘 밤 영화 보러 갈래? 나한테 표가 두 장 있어.
B 가고 싶긴 한데, 해야 할 일이 있어.
A 네가 가지 않는다면, 나도 가고 싶지 않아. 나는 혼자 극장에 가는 것은 질색이거든.
B 티나한테 말해보는 게 어때? 그녀는 영화광이잖아.

Step 3 Exercise 연습 문제

1 나는 그 일을 더 이상 하고 싶지 않아. (anymore)

_____

2 나는 그 문제에 더 이상 내 시간을 낭비하고 싶지 않아. (waste my time)

_____

Answer 1. I don't want to do it anymore. 2. I don't want to waste my time on that subject anymore.

Pattern 05 I think ...
나는 …라고 생각한다

개인적인 생각이나 의견을 말하고자 할 때 종종 서두에 사용되는 표현이다.

Step 1 Basic Pattern 기초 패턴

I think
나는 생각합니다

she likes you.
그녀가 당신을 좋아한다고
it is a good idea.
그것이 좋은 아이디어라고
we can finish it on time.
우리가 제시간에 그 일을 마칠 수 있다고
we should start immediately.
우리가 즉시 출발해야 한다고
I have met him somewhere before.
그를 전에 어디선가 만난 적이 있다고

* immediately 즉시, 즉각

Step 2 Situation Dialog 상황 대화

A What time does our train leave?
B It leaves at 8 A.M.
A I think we don't have much time left.
B I am ready to go.

A 우리가 탈 기차가 몇 시에 출발해?
B 오전 8시에 출발이야.
A 우리에게 시간 여유가 많이 남지 않은 것 같은데.
B 나는 출발할 준비가 됐어.

Step 3 Exercise 연습 문제

1 나는 그가 곧 돌아올 것이라고 생각해. (be back)

_____

2 나는 그가 팀에서 가장 우수한 선수라고 생각해. (the best player)

_____

Answer 1. I think he will be back soon 2. I think he is the best player in the team.

Pattern 06 I suggest (that) ...
나는 …을 제안한다

대화의 상대방에게 '…할 것을 제안하다' 또는 '권하다'라는 의미로 사용되는 구문이다. 구어체에서 관계사 that은 생략 가능하다. 제안의 의미이므로 that 이하의 절에서 should가 와야 하며, should를 생략해도 동사는 원형을 사용한다.

Step 1 Basic Pattern 기초 패턴

I suggest
나는 제안합니다

we take a break.
휴식을 취할 것을

you consult a doctor.
당신이 의사의 진찰을 받을 것을

that you do not wait any longer.
당신이 더 이상 기다리지 말 것을

that you leave your car at home.
당신에게 차를 집에 두고 올 것을

that you go back to where you started.
당신이 처음 시작했던 곳으로 되돌아갈 것을

Step 2 Situation Dialog 상황 대화

A Have you started your project?
B Not yet, there is plenty of time until the deadline.
A I suggest that you start it right now. It will take much longer than you think.

* deadline 기한, 마감일자

A 과제는 시작했어?
B 아직 안 했어, 마감일까지 아직 충분히 시간이 남았거든.
A 내 생각엔 지금 당장 과제를 시작하는 게 좋아. 그 일은 네가 생각하는 것보다 시간이 훨씬 더 많이 걸려.

Step 3 Exercise 연습 문제

1 나는 당신이 그녀를 직접 만날 것을 제안합니다. (in person)

_____

2 내일은 힘든 하루가 될 것 같아요. 모두 일찍 잠자리에 들 것을 제안합니다. (a long day)

_____

Answer
1. I suggest that you meet her in person.
2. Tomorrow will be a long day. I suggest that we go to bed early tonight.

Unit 05

51

Review Exercise

A. 단어의 맞는 뜻을 찾아 연결하시오.

1. argue
2. expire
3. disturb
4. involve
5. investigate

ⓐ 만료되다
ⓑ 방해하다
ⓒ 조사하다
ⓓ 논쟁하다
ⓔ 연루시키다

B. 문맥에 알맞은 어구를 찾아 문장을 완성하시오.

1. 나는 당신과 논쟁하고 싶지 않아.
   I don't _____ argue with you.
2. 나는 그 일에 연루되고 싶지 않아.
   I _____ get involved in it.
3. 우리가 휴식을 취할 것을 제안합니다.
   I _____ we take a break.
4. 나는 이 사건을 더 조사해보고 싶습니다.
   I _____ investigate this case further.
5. 나는 우리가 제시간에 그 일을 마칠 수 있다고 생각해.
   I _____ we can finish it on time.

ⓐ suggest
ⓑ like to
ⓒ don't want to
ⓓ think
ⓔ want to

C. Speaking Exercise 다음 문장을 영어로 표현하시오.

1. 예약을 취소하고 싶습니다.

2. 나는 그 분쟁에 연루되고 싶지 않아. (be involved in / dispute)

3. 나는 해병대에 입대하고 싶어.

4. 나는 나의 꿈을 포기하고 싶지 않아.

5. 내 생각에는 그가 네게 도움을 줄 수 있을 것 같아.

6. 나는 그 정보가 정확한지 확인할 것을 제안합니다. (make sure)

Unit 06

선호 또는 선택
I feel like … / I hate to …
/ I prefer to … / I believe …

Preview

1. 토할 것 같아. I feel like vomiting.
2. 나는 그 일을 하고 싶지 않아. I don't feel like doing it.
3. 나는 서두르는 것을 싫어합니다. I hate to be in a hurry.
4. 나는 집에 있는 것이 더 좋습니다. I prefer to stay home.
5. 나는 차라리 버스를 타겠습니다. I would rather take a bus.
6. 나는 이번이 좋은 기회라고 생각해. I believe this is a good chance.

Preview Exercise

ⓐ would rather ⓑ hate to ⓒ believe ⓓ prefer to ⓔ don't feel like

1. 나는 그곳에 다시 가기 싫어. I _____ go there again.
2. 나는 그녀를 보고 싶지 않아. I _____ seeing her.
3. 나는 네가 할 수 있다고 믿어. I _____ you can make it.
4. 나는 오늘 차라리 집에 있겠어. I _____ stay home today.
5. 나는 혼자서 일하는 것이 더 좋습니다. I _____ work alone.

1. ⓑ 2. ⓔ 3. ⓒ 4. ⓐ 5. ⓓ

Pattern 01 I feel like …
나는 …할 것 같다

상황에 따라 '…하고 싶다' 또는 '…한 기분이다'라는 의미로도 표현될 수 있다. like 다음에 명사, 동명사 또는 주어 동사로 된 절을 사용할 수 있다.

Step 1 Basic Pattern 기초 패턴

I feel like
나는 … 기분입니다

vomiting.
토할 것 같은
a different person.
다른 사람이 된 것 같은
going out for a walk.
산책하러 나가고 싶은
drinking some wine tonight.
저녁엔 와인이 마시고 싶은
somebody is watching me.
누군가 나를 바라보고 있는 것 같은

* vomit 토하다

Step 2 Situation Dialog 상황 대화

A It is too hot today. I suddenly feel like an ice cream.
B What flavor do you like?
A I like strawberry flavor.
B There is an ice cream shop over there. I will buy you one.

* flavor 풍미, 맛 / Strawberry 딸기

A 오늘 날이 너무 더워. 갑자기 아이스크림이 먹고 싶어.
B 어떤 맛을 좋아해?
A 나는 딸기 맛이 좋아.
B 저기 아이스크림 가게가 있어. 내가 사줄게.

Step 3 Exercise 연습 문제

1 나는 연기에 소질이 있는 것 같아. (a talent for acting)

_____

2 나는 벽에다 이야기하고 있는 것 같아. 아무도 내 말에 귀를 기울이지 않아. (talk to a wall / listen to)

_____

Answer
1. I feel like I have a talent for acting.
2. I feel like I am talking to a wall here. No one is listening to me.

Pattern 02 I don't feel like …

나는 …할 기분이 아니다

'…하고 싶지 않다' 또는 '…할 기분이 나지 않는다'의 표현이다. 문장 형태는 I feel like …와 마찬가지로 명사, 동명사, 또는 문장의 형태를 갖춘 절을 연결시킬 수 있다.

Step 1 Basic Pattern 기초 패턴

I don't feel like
나는 … 기분이 아닙니다

doing it.
그 일을 할
seeing her.
그녀를 볼
going out tonight.
오늘 저녁에는 외출할
talking about it now.
지금 그 일에 관해 이야기할
answering your questions any more.
당신의 질문에 더 이상 대답할

Step 2 Situation Dialog 상황 대화

A How about going to a movie tonight?
B No thanks, I don't feel like going out tonight.
A Is there anything wrong?
B I'm afraid I have a bad cold.

* bad cold 독감

A 오늘 저녁에 영화 보러 가지 않을래?
B 고맙지만 사양하겠어. 오늘 밤은 외출할 기분이 아니야.
A 무슨 일이 있어?
B 아무래도 독감에 걸린 것 같아.

Step 3 Exercise 연습 문제

1 나는 오늘은 아무것도 하고 싶지 않다. (do anything)

_____

2 나는 오늘 밤에는 영화 보러 갈 기분이 들지 않는다. (go to a movie)

_____

Answer   1. I don't feel like doing anything today. 2. I don't feel like going to a movie tonight.

Pattern 03 I hate to …
나는 …하기 싫다

싫다는 감정을 나타내는 구문으로, 일상 대화에서 '…하는 건 정말 싫어' 또는 '…하는 건 질색이야'라는 표현을 하고 싶을 때 사용할 수 있는 표현이다.

Step 1 Basic Pattern 기초 패턴

I hate to 나는 … 싫습니다
- **be in a hurry.** 서두르기
- **go there again.** 그곳에 다시 가기
- **leave you alone.** 당신을 혼자 두기
- **miss the concert.** 이 콘서트를 놓치기
- **meet her in person.** 그녀를 개인적으로 만나기

* in a hurry 서둘러, 급히 / in person 직접, 몸소

Step 2 Situation Dialog 상황 대화

A We are held up in traffic again.
B This road is always crowded at this time of day. We should have taken the detour.
A I hate to admit it, but you are right.

* crowd 군중, 무리; 가득메우다 / detour 우회로; 우회하다

A 또 차가 막혔어.
B 이 길은 이 시간에는 항상 막혀. 우회로를 탔어야 했어.
A 인정하긴 싫지만, 네 말이 맞아.

Step 3 Exercise 연습 문제

1 나는 아침 일찍 일어나는 건 질색이야. (wake up)

2 이런 말 하기 싫지만, 너는 유머 감각이 없어. (sense of humor)

Answer
1. I hate to wake up early in the morning.
2. I hate to tell you this but you don't have a sense of humor.

Pattern 04 I prefer to …

나는 …을 선호한다

'…을 더 선호한다' 또는 '…하는 게 더 낫다'라는 의미를 나타낸다. 비교 대상이 있을 때는 rather than을 사용한다. 여기서 to는 부정사로 동사원형이 연결된다는 점에 주의한다. 즉, ⟨I prefer to + 동사원형⟩ 구문이다.

Step 1 Basic Pattern 기초 패턴

I prefer to
나는 …을 선호합니다

stay home.
집에 있는 것
work alone.
혼자서 일하는 것
pay by cash.
현금으로 지불하는 것
keep it in secret for the time being.
그것을 한동안은 비밀로 하는 것
live in the countryside rather than in a city.
도시보다는 시골에 사는 것

* pay by cash 현금으로 지불하다(pay by credit card 신용카드로 지불하다) / for the time being 당분간

Step 2 Situation Dialog 상황 대화

A Do you need anything else?
B No, that's all for today. How much is it all together?
A That will be 75 dollars. How would you like to pay, cash or credit card?
B I prefer to pay by credit card.

A 더 필요한 것이 있으세요?
B 아닙니다, 오늘은 이게 전부입니다. 모두 얼마인가요?
A 75달러입니다. 현금과 신용카드 중 어느 것으로 지불하시겠습니까?
B 신용카드로 지불하고 싶습니다.

Step 3 Exercise 연습 문제

1 나는 이것을 새것으로 바꾸는 것이 더 좋겠습니다. (replace A with B)

_____

2 나는 전화 문자보다는 직접 만나서 이야기하고 싶습니다. (talk in person / text on the phone)

_____

Answer
1. I prefer to replace this with a new one.
2. I prefer to talk in person rather than text on the phone.

Unit 06

Pattern 05 I would rather ...
나는 차라리 …하겠다

선호하는 행위 및 대상을 표현하는 구문이다. 두 가지 사항을 비교할 때는 than을 사용한다. I prefer와 유사한 표현이지만 prefer가 to부정사를 사용하는 데 반해 would rather는 to 없는 부정사, 즉 동사원형을 사용한다.

Step 1　Basic Pattern　기초 패턴

I would rather
나는 차라리

- **take a bus.**
  버스를 타겠습니다.
- **take a bus than a train.**
  기차를 타기보다는 버스를 타겠습니다.
- **stay home today.**
  오늘 집에 있겠습니다.
- **not go out today.**
  오늘 외출하지 않겠습니다.
- **stay home than go out with her.**
  그녀와 외출하느니 집에 있겠습니다.

Step 2　Situation Dialog　상황 대화

A Do you know when James arrives?
B His train is due at five thirty.
A We have to meet him at the station. Should we take a taxi?
B The station is just two blocks away. I would rather walk than take a taxi.

* due 예정된

A 제임스가 언제 도착하는지 알고 있어?
B 그가 탄 기차가 5시 30분 예정이야.
A 그를 마중 나가야 하는데. 택시를 탈까?
B 역까지는 두 블록밖에 되지 않아. 택시를 타기보다는 걸어가겠어.

Step 3　Exercise　연습 문제

1 나는 당신의 이성보다는 나의 직감을 따르겠습니다. (instinct / reason)

2 나는 추운 날씨는 질색이야. 토론토에 사느니 차라리 하와이에 살겠어.

Answer
1. I would rather trust my instinct than your reason.
2. I hate cold weather. I would rather live in Hawaii than in Toronto.

Pattern 06 I believe (that) …

나는 …라고 믿는다

개인적 생각이나 믿음에 관해 진술할 때 사용하는 표현이다. 상황에 따라 '…라고 믿는다, …라고 생각한다' 또는 '…인 것 같다' 등 다양한 의미로 해석될 수 있다.

Step 1　Basic Pattern　기초 패턴

I believe
나는 … 믿습니다

> **you can make it.**
> 당신이 할 수 있다고
> **this is a good chance.**
> 이번이 좋은 기회라고
> **that we are on the right track.**
> 우리가 제대로 가고 있다고
> **that we made the right decision.**
> 우리가 올바른 결정을 했다고
> **that we can make all these things happen.**
> 우리가 이 모든 것들을 실현시킬 수 있다고

* on the right track 잘 진행되고 있는

Step 2　Situation Dialog　상황 대화

A I have a job interview tomorrow. I'm so nervous.
B Don't worry too much about it. Everyone is nervous at an interview.
A Can you give me some tips for the interview?
B Relax and try to be yourself. I believe you will do just fine.

* nervous 불안한, 긴장되는 / be yourself 자연스럽게 행동하다

A 내일 취업 인터뷰가 있어. 너무 긴장돼.
B 너무 걱정하지마. 인터뷰가 있으면 누구나 긴장해.
A 인터뷰에 도움이 될만한 조언 좀 해줄래?
B 긴장을 풀고 자연스럽게 행동해. 네가 잘할 것이라 믿어.

Step 3　Exercise　연습 문제

1 나는 그가 한 말이 사실이라고 믿어. (what he said)

_____

2 나는 그가 믿을 수 있는 사람이라고 생각해. (reliable)

_____

Answer　1. I believe what he said is true.　2. I believe that he is a reliable person.

Review Exercise

A. 단어의 맞는 뜻을 찾아 연결하시오.

1. due
2. flavor
3. detour
4. vomit
5. nervous

ⓐ 풍미
ⓑ 예정된
ⓒ 토하다
ⓓ 긴장되는
ⓔ 우회로

B. 문맥에 알맞은 어구를 찾아 문장을 완성하시오.

1. 나는 이 콘서트를 놓치고 싶지 않아.
   I _____ miss the concert.
2. 나는 그것을 비밀로 하는 것이 더 좋겠어.
   I _____ keep it in secret.
3. 나는 오늘 저녁에는 외출할 기분이 아니야.
   I _____ going out tonight.
4. 나는 기차를 타기보다는 버스를 타겠어.
   I _____ take a bus than a train.
5. 나는 우리가 제대로 가고 있다고 생각해.
   I _____ we are on the right track.

ⓐ prefer to
ⓑ hate to
ⓒ don't feel like
ⓓ believe that
ⓔ would rather

C. Speaking Exercise 다음 문장을 영어로 표현하시오.

1. 나는 오늘은 하루 종일 집에만 있고 싶어. (stay home)

2. 나는 오늘은 너와 말다툼하고 싶지 않아. (have an argument with)

3. 인정하긴 싫지만 내 잘못입니다.

4. 나는 일정을 좀 더 고려하기 위해 연기하는 것이 더 좋겠습니다. (for further consideration)

5. 나는 내가 하고 싶지 않은 일을 하면서 시간을 낭비하고 싶지 않습니다. (would rather not)

6. 나는 그가 우리를 실망시키지 않을 것이라 믿어. (let down)

Unit 07

인지 및 인식
I know ... / I have no idea ...
/ I wonder ... / I am afraid ...

Preview

1. 나는 그 일이 쉽지 않다는 것을 알아. I know it is not easy.
2. 나는 네가 해낼 줄 알았어. I knew you would make it.
3. 나는 그것이 적절한지 모르겠어. I don't know if it is relevant.
4. 나는 이것을 어떻게 표현해야 할지 모르겠어. I don't know how I should put this.
5. 나는 그들이 누구인지 전혀 모릅니다. I have no idea who they are.
6. 나는 그것이 효과가 있을지 궁금해. I wonder if it will work.

Preview Exercise

ⓐ wonder if ⓑ don't know if ⓒ knew ⓓ know ⓔ don't know how

1. 나는 내가 운이 좋았다는 것을 알아. I _____ I was very lucky.
2. 나는 네가 그렇게 말할 줄 알았어. I _____ you would say that.
3. 나는 내일 비가 오는지 모르겠어. I _____ it will rain tomorrow.
4. 나는 어떻게 그녀에게 연락할 수 있는지 모르겠어. I _____ I can contact her.
5. 나는 네가 오늘 저녁 식사하러 올 수 있는지 알고 싶어. I _____ you can come for dinner tonight.

1. ⓓ 2. ⓒ 3. ⓑ 4. ⓔ 5. ⓐ

Pattern 01 I know (that) …

나는 …을 알고 있다

화자가 어떤 사실이나 상황을 인식하고 있음을 상대방에게 알려주는 표현이다.

Step 1　Basic Pattern　기초 패턴

I know
나는 알고 있습니다

it is not easy.
그 일이 쉽지 않다는 것을
I was very lucky.
내가 운이 좋았다는 것을
he is mad at me.
그가 내게 화가 나 있다는 것을
it is difficult for you to understand it.
당신이 그것을 이해하기 어렵다는 것을
that not many people will agree to the proposal.
그 제안에 동의하는 사람들이 많지 않을 것이라는 것을

* mad 몹시 화가 난 / proposal 제안

Step 2　Situation Dialog　상황 대화

A Have you finished your report?
B Not yet, I am still working on it.
A You have to hurry. This Friday is the deadline.
B Yeah, I know I don't have much time.

A 보고서는 끝냈어?
B 아니, 아직 하고 있는 중이야.
A 서둘러야 해. 금요일이 마감일이거든.
B 그래, 나도 시간이 많지 않다는 것을 알아.

Step 3　Exercise　연습 문제

1 나는 그들이 곧 여기 온다는 것을 알고 있다. (be here)

_____

2 나는 내가 내려야 할 중요한 결정이 있다는 것을 알고 있다. (a decision to make)

_____

Answer　1. I know they will be here soon.　2. I know I have an important decision to make.

Pattern 02 I knew (that) …
나는 …을 알고 있었다

어떤 사실이나 상황에 대해 이미 알았거나 예상하고 있었음을 밝히는 표현이다. 과거 시점에서 현재의 상황을 예측했던 표현이므로 조동사 would 또는 could를 사용한다.

Step 1 Basic Pattern 기초 패턴

I knew
나는 알고 있었습니다

you would make it.
네가 해낼 줄
you would say that.
당신이 그렇게 말할 줄
I would find you here.
당신이 여기 있을 줄
this would happen someday.
언젠가는 이 일이 발생할 것이라
we could win the game.
우리가 우승할 수도 있다고

* win the game 경기에 이기다

Step 2 Situation Dialog 상황 대화

A Have you watched the final?
B No, I was busy yesterday. What was the result?
A Germany won, two nil.
B That's not surprising. I knew Germany would win.

A 결승전 봤어?
B 아니, 어제 바빴거든. 결과는 어떻게 되었어?
A 독일이 이겼어, 2대0으로.
B 놀라운 일은 아니군. 나는 독일이 이길 줄 알았어.

Step 3 Exercise 연습 문제

1 나는 네가 언젠가는 내 도움이 필요할 것이라 생각했다. (need)

_____

2 나는 회의에 참석하는 사람들이 많지 않을 것이라 알고 있었다. (meeting)

_____

Answer
1. I knew you would need my help someday.
2. I knew not many people would attend the meeting.

Pattern 03 I don't know if/whether …

나는 …인지 알지 못한다

잘 알지 못하거나 확실하지 않은 사항에 관한 표현이다. if 대신 whether를 사용해도 의미의 차이는 없다. 두 가지 사항 중 하나를 선택해야 하는 경우는 if … or … 또는 whether … or …로 나타낸다.

Step 1 Basic Pattern 기초 패턴

I don't know
나는 알지 못합니다

if it is relevant.
그것이 적절한지

if it will rain tomorrow.
내일 비가 오는지

if it was a coincidence or not.
그것이 우연이었는지 아닌지

whether the train will arrive on time.
기차가 제시간에 오는지

if he will be able to come to the party.
그가 파티에 참석할 수 있는지

* relevant 적절한 / coincidence 우연

Step 2 Situation Dialog 상황 대화

A Do you know our meeting has been rescheduled?
B Yes, I know. It has moved from Monday to Tuesday.
A I don't know if Robin is aware of the change.
B Don't worry about Robin. I will tell him.

A 우리 회의 일정이 바뀐 것 알고 있나요?
B 알고 있어요. 월요일에서 화요일로 옮겨졌죠.
A 로빈이 변경 사항을 알고 있는지 모르겠어요.
B 로빈은 걱정하지 마세요. 내가 그에게 말하겠어요.

Step 3 Exercise 연습 문제

1 나는 그것이 꿈인지 생시인지 모르겠어. (a dream or real)

_____

2 나는 당신이 우리와 함께 일하는 데 관심이 있는지 모르겠어요. (work with)

_____

Answer 1. I don't know if it was a dream or real. 2. I don't know if you are interested in working with us.

Pattern 04: I don't know how ...
나는 어떻게 …하는지 알지 못한다

어떤 문제가 발생했을 때 그 해결 방법을 알지 못하는 경우 사용할 수 있는 표현이다.

Step 1 Basic Pattern 기초 패턴

I don't know how
나는 어떻게 … 알지 못합니다

I should put this.
이것을 표현해야 할지
I can contact her.
그녀에게 연락할 수 있는지
we get into this situation.
우리가 이 상황이 되었는지
I can find my way back to the hotel.
호텔로 돌아가는 길을 찾을지
we are going to handle this problem.
우리가 이 문제를 처리해야 할지

* find one's way back to 찾아가다, 되돌아가다 / handle 다루다, 처리하다

Step 2 Situation Dialog 상황 대화

A Oh no!
B What's wrong?
A I am locked out. I don't know how I can get into the room.
B Go to the reception and ask the staff to open your room. They have a master key.

* lock out 열쇠를 객실에 둔 채 문이 잠기다

A 이런!
B 무슨 일이야?
A 열쇠를 두고 나왔어. 방으로 어떻게 들어가야 할지 모르겠어.
B 리셉션에 가서 직원에게 방문을 열어달라고 해. 그들이 마스터키를 갖고 있을 거야.

Step 3 Exercise 연습 문제

1 나는 내가 어떻게 여기 왔는지 모르겠어. (get there)

_____

2 나는 그 사고가 어떻게 발생했는지 모르겠어. (the accident happened)

_____

Answer 1. I don't know how I got here. 2. I don't know how the accident happened.

Pattern 05 I have no idea …
나는 …을 모른다

의문사와 연결되어 알지 못하거나 이해하지 못함을 표현하는 구문이다. 전치사 of 또는 about과 함께 사용할 수도 있다. I have no idea of what comes next. 나는 다음에 어떤 일이 일어날지 전혀 알지 못한다. I have no idea about what he did yesterday. 나는 어제 그가 무엇을 했는지에 관해 전혀 아는바가 없다.

Step 1 Basic Pattern 기초 패턴

I have no idea
나는 모릅니다

who they are.
그들이 누구인지
who I should talk to.
누구에게 말해야 할지
when all this happened.
이 모든 일들이 언제 발생했는지
what you are talking about.
당신이 무슨 말을 하고 있는지
which one I should choose.
어느 것을 선택해야 할지

Step 2 Situation Dialog 상황 대화

A May I speak to Mr. Robert?
B He isn't at his desk right now.
A Can you tell me when he is available?
B I am sorry, but I have no idea when he is coming back. Would you like to leave a message?

* leave a message 메시지를 남기다

A 로버트 씨와 통화할 수 있을까요?
B 그는 지금 자리에 안 계십니다.
A 그와 언제 통화할 수 있는지 말씀해주시겠습니까?
B 죄송하지만 저는 그가 언제 돌아올지 알지 못합니다. 메시지를 남기시겠습니까?

Step 3 Exercise 연습 문제

1 나는 그녀가 왜 내게 화가 그렇게 났는지 전혀 모르겠습니다. (be mad at)

　

2 나는 그가 언제 사무실로 돌아올지 알지 못합니다. (be back to the office)

　

Answer 1. I have no idea why she is so mad at me. 2. I have no idea when he will be back to the office.

Pattern 06 I wonder if ...
나는 …인지 궁금하다

궁금한 사항이 있을 때 사용하는 표현이다. if절의 시제는 현재, 과거, 미래 모두 사용 가능하다. if 외에 whether나 다른 의문사를 사용하여 궁금한 사항을 구체적으로 표현할 수 있다. 여기서는 if를 사용한 문장만 연습한다.

Step 1 Basic Pattern 기초 패턴

I wonder if 나는 궁금합니다

- it will work.
  그것이 효과가 있을지
- you can come for dinner tonight.
  네가 오늘 저녁 식사하러 올 수 있는지
- she still works in the pharmacy.
  그녀가 아직도 그 약국에서 일하고 있는지
- they knew the rules of the game.
  그들이 경기 규칙을 알고 있는지
- he still lives at the same address.
  그가 여전히 같은 주소에서 살고 있는지

* come for dinner 저녁 식사하러 오다 / pharmacy 약국

Step 2 Situation Dialog 상황 대화

A I wonder if there is a post office near here.
B Post office? It is not far from here.
A Can you show me how I can get there?

A 이 근처 우체국이 있는지 알고 싶습니다.
B 우체국이요? 여기서 멀지 않아요.
A 어떻게 가는지 말해주시겠어요?

Step 3 Exercise 연습 문제

1 나는 그녀가 병원에서 퇴원했는지 궁금합니다. (left the hospital)

_____

2 나는 그들이 우리 제안을 받아들일 것인지 궁금합니다. (accept one's offer)

_____

Answer 1. I wonder if she left the hospital. 2. I wonder if they will accept our offer.

Review Exercise

A. 단어의 맞는 뜻을 찾아 연결하시오.

1. handle
2. relevant
3. proposal
4. pharmacy
5. coincidence

ⓐ 제안
ⓑ 약국
ⓒ 우연
ⓓ 처리하다
ⓔ 적절한

B. 문맥에 알맞은 어구를 찾아 문장을 완성하시오.

1. 나는 우리가 우승할 수도 있다고 생각했습니다.
   I _____ we could win the game.
2. 나는 그것이 우연이었는지 아닌지 모르겠어.
   I _____ it was a coincidence or not.
3. 나는 당신이 무슨 말을 하고 있는지 전혀 모르겠습니다.
   I _____ what you are talking about.
4. 나는 그들이 경기 규칙을 알고 있는지 궁금합니다.
   I _____ if they knew the rules of the game.
5. 나는 우리가 어떻게 이 문제를 처리해야 할지 모르겠어.
   I _____ we are going to handle this problem.

ⓐ don't know if
ⓑ wonder
ⓒ knew
ⓓ have no idea
ⓔ don't know how

C. Speaking Exercise 다음 문장을 영어로 표현하시오.

1. 나는 그것이 쉬운 일이 아닐 것이라는 것을 알고 있습니다. (an easy task)

2. 나는 이 일이 언젠가는 일어날 것을 알고 있었습니다. 하지만 이런 식은 아니었습니다. (not like this)

3. 나는 그가 올지 안 올지 알지 못합니다.

4. 나는 그가 어떻게 비밀번호를 알아내었는지 알지 못합니다. (figure out)

5. 나는 어느 팀이 결승에 진출하게 될지 전혀 모르겠습니다.

6. 콘서트가 몇 시에 시작하는지 궁금합니다.

Unit 08

필요 및 의무 사항
I need ... / I have to ... / I have no ...
/ I mean ... / I don't mind ...

Preview

1. 나는 운동을 더 자주 해야 합니다. I need to exercise more often.
2. 오늘 해야 할 일이 좀 있어. I have to do some work today.
3. 나는 그것을 오늘 할 필요가 없습니다. I don't have to do it today.
4. 나는 불평할 아무런 이유가 없습니다. I have no reason to complain.
5. 당신을 방해할 의도는 아니었어요. I didn't mean to disturb you.
6. 나는 약간의 위험 감수는 개의치 않습니다. I don't mind taking a little risk.

Preview Exercise

ⓐ mind ⓑ don't have to ⓒ need to ⓓ mean to ⓔ no reason to

1. 나는 새 직업을 찾아야 합니다. I _____ find a new job.
2. 당신을 모욕할 의도는 없었습니다. I didn't _____ insult you.
3. 나는 이곳에 혼자 있어도 상관없습니다. I don't _____ being here alone.
4. 나는 그것을 네게 증명할 필요가 없어. I _____ prove it to you.
5. 나는 그를 의심할 아무런 이유가 없습니다. I have _____ suspect him.

1. ⓒ 2. ⓓ 3. ⓐ 4. ⓑ 5. ⓔ

Pattern 01 I need to …

나는 …할 필요가 있다

'…할 필요가 있다' 또는 '…해야 한다'라는 의미를 나타내는 표현이다. 상황에 따라 '…하고 싶다'라는 표현도 가능하다. to는 부정사이므로 다음에 동사원형이 연결된다.

Step 1 Basic Pattern 기초 패턴

I need to
나는 … 할 필요가 있습니다

find a new job.
새 직업을 찾아야

exercise more often.
운동을 더 자주 해야

go to the restroom.
화장실에 가야

open a bank account.
은행 계좌를 개설해야

examine the options more closely.
그 옵션들을 더 상세히 검토해야

* restroom 화장실 / option 옵션, 선택권

Step 2 Situation Dialog 상황 대화

A Would you wait here for a minute?
B What do you want to do?
A I need to buy something to drink at the convenient store.

* convenient store 편의점

A 여기서 잠깐 기다려줄래?
B 뭘 하려고?
A 편의점에 가서 음료수를 사야겠어.

Step 3 Exercise 연습 문제

1 나는 먼저 그녀와 말을 해야겠어. (talk to)

_____

2 내 은행 계좌에 돈을 입금하고 싶습니다. (put some money into)

_____

Answer 1. I need to talk to her first. 2. I need to put some money into my bank account.

Pattern 02 I have to …

나는 …해야 한다

'…해야 한다' 또는 '…할 수밖에 없다'라는 의미를 나타낸다. 주로 외부 상황에 의해 부과되는 의무 사항을 have to로 표현한다. 의무의 강도는 must와 비슷하며, should보다는 강하다(have to = must 〉 should = ought to).

Step 1 Basic Pattern 기초 패턴

I have to / 나는 … 합니다

- **tell you something.**
  당신에게 무언가를 말해야
- **do some work today.**
  오늘 어떤 일을 좀 해야
- **wait for a few more days.**
  며칠 더 기다려야
- **finish this report by Friday.**
  이 보고서를 금요일까지 마쳐야
- **attend a meeting tomorrow morning.**
  내일 아침 회의에 참석해야

* attend 참석하다

Step 2 Situation Dialog 상황 대화

A Where are you going?
B I am going to the city library. I have to return these books by 5 P.M. today.
A Why don't you get in my car? I am going to the city hall. I will drop you off at the library.

* get in 타다, 도착하다 / drop off 내려주다

A 어디 가는 길이야?
B 시립 도서관에 가는 중이야. 오늘 5시까지 이 책들을 반납해야 하거든.
A 내 차에 탈래? 시청에 가는 길이거든. 도서관에서 내려줄게.

Step 3 Exercise 연습 문제

1 네가 옳다는 것을 인정할 수밖에 없어. (admit)

_____

2 나는 네게 매우 중요한 것을 질문해야 해. (something very important)

_____

Answer 1. I have to admit (that) you are right. 2. I have to ask you something very important.

Pattern 03 I don't have to ...

나는 …할 필요가 없다

'…할 필요가 없다'라는 의미로 need not과 같은 의미이다. must 또는 have to를 사용한 의문문에 대한 대답으로 사용할 수 있다. Do you have to go there today? 오늘 그곳에 가야 해? / No, I don't have to. 아니, 갈 필요 없어.

Step 1 Basic Pattern 기초 패턴

I don't have to
나는 … 필요가 없습니다

do it today.
그것을 오늘 할
prove it to you.
그것을 당신에게 증명할
attend the seminar.
세미나에 참석할
start early in the morning.
아침 일찍 출발할
conceal it from anyone anymore.
그것을 더 이상 아무에게도 숨길

* prove 증명하다 / conceal 숨기다

Step 2 Situation Dialog 상황 대화

A Didn't you say you have to start early this morning?
B Yes, I did, but I don't have to.
A How come?
B My first lecture has been cancelled.

A 오늘 아침에 일찍 출발해야 한다고 하지 않았니?
B 그랬지. 하지만 그럴 필요가 없어.
A 왜지?
B 첫 강의가 취소되었거든.

Step 3 Exercise 연습 문제

1 나는 내 자신을 어느 누구에게도 설명할 필요가 없습니다. (explain myself to)

_____

2 나는 내가 그곳에 없었다는 것을 그들에게 납득시킬 필요가 없어. (convince someone that)

_____

Answer
1. I don't have to explain myself to anyone.
2. I don't have to convince them that I was not there.

Pattern 04 I have no reason to …

나는 …할 이유가 없다

어떤 행동이나 행위를 할 이유나 까닭이 없음을 표현하는 구문이다.

Step 1　Basic Pattern　기초 패턴

I have no reason to　　**complain.**
나는 … 이유가 없습니다　　불평할
　　　　　　　　　　　　suspect him.
　　　　　　　　　　　　그를 의심할
　　　　　　　　　　　　refuse the offer.
　　　　　　　　　　　　그 제안을 거절할
　　　　　　　　　　　　apologize to her.
　　　　　　　　　　　　그녀에게 사과해야 할
　　　　　　　　　　　　object to the suggestion.
　　　　　　　　　　　　그 제안에 반대할

* complain 불평하다 / suspect 의심하다 / apologize 사과하다 / object 반대하다

Step 2　Situation Dialog　상황 대화

A　Where are you staying?
B　I will stay at the Comport Hotel.
A　Do you have any reason for choosing the hotel?
B　It has good facilities with a good rate, and its location is perfect for me. I have no reason to choose any other.

A　어디서 지낼 거니?
B　컴포트 호텔에서 지낼 거야.
A　그 호텔을 선택한 무슨 이유가 있어?
B　시설이 좋고 가격도 적당해. 그리고 위치가 내게는 아주 적합해. 다른 곳을 선택할 이유가 없지.

Step 3　Exercise　연습 문제

1　나는 더 이상 이곳에 머물 이유가 없습니다. (stay)

_____

2　나는 네가 한 일에 관해 불평할 이유가 없어. (what you did)

_____

Answer　1. I have no reason to stay here anymore. 2. I have no reason to complain about what you did.

Pattern 05 I didn't mean to ...

나는 …할 의도는 아니었다

'고의로 …한 것은 아니었다'는 의미로 주로 상대방에게 자신의 잘못을 해명하거나 오해를 풀기 위해 사용하는 표현이다. 부정사 to를 사용하지 않은 I didn't mean it.(그럴 의도는 아니었어.) 또는 It didn't mean anything.(아무 뜻도 아니었어.) 등의 문장도 유용한 표현이다.

Step 1 Basic Pattern 기초 패턴

I didn't mean to
나는 … 의도는 아니었습니다

insult you.
모욕할
disturb you.
방해할
cause trouble.
말썽을 일으킬
break the vase.
꽃병을 깨트리려 한
make you upset.
당신을 화나게 할

* insult 모욕하다 / disturb 방해하다 / upset 화나게 하다

Step 2 Situation Dialog 상황 대화

A I am not too late, am I?
B The lecture started five minutes ago.
A I didn't mean to be late, but I was stuck in traffic.

* stuck in traffic 교통이 막힌, 정체된

A 너무 늦은 건 아니지, 그렇지?
B 강의는 5분 전에 시작했어.
A 일부러 늦으려고 한 것은 아닌데, 차가 막혔었어.

Step 3 Exercise 연습 문제

1 나는 당신의 감정을 상하게 할 의도는 없었어요. (hurt one's feelings)

_____

2 나는 당신과 논쟁을 시작할 의도는 없었어요. (start an argument with)

_____

Answer 1. I didn't mean to hurt your feelings. 2. I didn't mean to start an argument with you.

Pattern 06 I don't mind ...
나는 …을 개의치 않는다; …해도 상관없다

동사 mind는 '싫어하다, 꺼리다'라는 의미이다. 따라서 I don't mind ...는 '…해도 상관없다' 또는 '…해도 개의치 않는다'라는 의미가 된다. mind 다음에 명사나 동명사 구문을 연결시켜야 하는 점에 유의한다(동사 -ing).

Step 1 Basic Pattern 기초 패턴

I don't mind
나는 … 상관없습니다

being here alone.
이곳에 혼자 있어도
taking a little risk.
약간의 위험을 감수해도
waiting a little longer.
조금 더 기다려도
working overtime tonight.
오늘 밤 초과근무를 해도
raising the issue again.
그 문제를 다시 거론해도

* take a risk 위험을 감수하다, 모험을 하다 / overtime 초과근무 / raise an issue 쟁점을 제기하다

Step 2 Situation Dialog 상황 대화

A Mr. Steve is in a meeting but it won't take long.
B That's OK. I don't mind waiting.
A Would you like some coffee while you are waiting?
B Yes, please. Thank you.

A 스티브 씨는 회의 중입니다. 하지만 오래 걸리지는 않을 겁니다.
B 괜찮습니다. 기다리겠습니다.
A 기다리시는 동안 커피라도 드시겠습니까?
B 네, 감사합니다.

Step 3 Exercise 연습 문제

1 나는 그에게 사과하는 것은 개의치 않습니다. (apologize to)

_____

2 나는 집에서 떠나 있는 것은 개의치 않습니다. (be away from)

_____

Answer 1. I don't mind apologizing to him. 2. I don't mind being away from home.

Review Exercise

A. 단어의 맞는 뜻을 찾아 연결하시오.

1. get in
2. drop off
3. take a risk
4. raise an issue
5. stuck in traffic

ⓐ 타다
ⓑ 모험을 하다
ⓒ 내려주다
ⓓ 교통이 막힌
ⓔ 제기하다

B. 문맥에 알맞은 어구를 찾아 문장을 완성하시오.

1. 나는 며칠 더 기다려야 합니다.

    I _____ wait for a few more days.

2. 당신을 화나게 할 의도는 아니었어요.

    I _____ make you upset.

3. 나는 조금 더 기다리는 것은 괜찮습니다.

    I _____ waiting a little longer.

4. 나는 아침 일찍 출발할 필요가 없습니다.

    I _____ start early in the morning.

5. 나는 그 제안에 반대할 아무런 이유가 없습니다.

    I _____ object to the suggestion.

ⓐ have to
ⓓ didn't mean to
ⓒ don't mind
ⓑ don't have to
ⓔ have no reason to

C. Speaking Exercise 다음 문장을 영어로 표현하시오.

1. 내일까지 그 일을 끝내야 합니다. (get the job done by)

2. 우리는 조금 더 기다려야 합니다.

3. 나는 내일은 출근하지 않아도 됩니다.

4. 나는 그들을 불신할 이유가 없습니다.

5. 당신들의 대화를 방해할 의도는 없었습니다. (interrupt)

6. 나는 그들이 오든지 가든지 개의하지 않습니다. (whether)

Unit 09

과거 습관 및 현재 상황
I used to … / I cannot help …
/ I cannot afford to …
/ I can no longer …

Preview

1. 나는 한때 보스톤에서 근무했었어.   I used to work in Boston.
2. 나는 겨우 그곳에 도착했습니다.   I managed to get there.
3. 나는 긴장감을 느끼지 않을 수 없습니다.   I cannot help feeling nervous.
4. 나는 또 하루를 허비할 여유가 없습니다.   I cannot afford to lose another day.
5. 나는 더 이상 당신을 신뢰할 수 없습니다.   I can no longer trust you.
6. 나는 그 영화를 빨리 보고 싶습니다.   I cannot wait to see the movie.

Preview Exercise

ⓐ wait   ⓑ used   ⓒ longer   ⓓ afford   ⓔ managed

1. 나는 더 이상 당신을 보호해줄 수 없습니다.   I can no _____ protect you.
2. 나는 그 프로젝트를 빨리 시작하고 싶습니다.   I cannot _____ to start the project.
3. 나는 그 문제를 가까스로 해결했습니다   I _____ to solve the problem.
4. 나는 사무실에서 집으로 걸어서 가곤 했습니다.   I _____ to walk home from my office.
5. 나는 큰 집을 살 형편이 되지 않습니다.   I cannot _____ to buy a large house.

1. ⓒ   2. ⓐ   3. ⓔ   4. ⓑ   5. ⓓ

Pattern 01 I used to ...
나는 …하곤 했다

과거의 행위나 상태 또는 습관 등의 의미를 나타내는 표현이다. '과거에는 …했지만 지금은 더 이상 하지 않는다'는 의미를 포함하고 있다.
* '…하는 데 익숙하다'라는 의미인 be used to -ing와 혼동하지 않도록 주의한다. I am used to playing the violin. 나는 바이올린을 연주하는 데 익숙하다.

Step 1 Basic Pattern 기초 패턴

I used to
나는 … 했습니다

work in Boston.
한때 보스톤에서 근무하곤

walk home from my office.
사무실에서 집으로 걸어서 가곤

play with my brother in the backyard.
형과 뒤뜰에서 놀곤

get up early in the morning for jogging.
조깅을 하기 위해 아침 일찍 일어나곤

play basketball with my friends after school.
방과 후 친구들과 농구를 하곤

* backyard 뒤뜰

Step 2 Situation Dialog 상황 대화

A Do you play tennis?
B I used to.
A Does that mean you do not play anymore?
B I haven't played since I hurt my knee.

A 테니스 치니?
B 과거에는 쳤었어.
A 지금은 치지 않는다는 뜻이야?
B 무릎을 다친 후로는 치지 않았어.

* hurt one's knee 무릎을 다치다

Step 3 Exercise 연습 문제

1 나는 다이어트를 시작하기 전에는 몸이 뚱뚱했었습니다. (fat / start a diet)

_____

2 나는 해마다 여름이면 제주도에 사는 삼촌을 방문하곤 했었습니다.

_____

Answer 1. I used to be fat before I started a diet. 2. I used to visit my uncle in Jeju-island every summer.

Pattern 02 I managed to ...

나는 가까스로(겨우) …했다

어떤 일을 힘들게 또는 가까스로 해내었을 때 사용하는 표현이다.

Step 1 Basic Pattern 기초 패턴

I managed to 나는 가까스로(겨우)

get there.
그곳에 도착했습니다.
solve the problem.
그 문제를 해결했습니다.
find a parking space.
주차 공간을 발견했습니다.
get a ticket for the concert.
콘서트 티켓을 구했습니다.
get out of the crowded place.
그 혼잡한 장소를 빠져나왔습니다.

Step 2 Situation Dialog 상황 대화

A Why was Holly crying a while ago?
B Someone ate her chocolate.
A Is she still upset?
B I managed to calm her down with a lollipop.

* calm down 달래다, 진정시키다 / lollipop 막대사탕

A 아까 홀리는 왜 울고 있었지?
B 누군가가 자기 초콜렛을 먹었어.
A 아직도 화가 나 있어?
B 막대사탕으로 겨우 달랬어.

Step 3 Exercise 연습 문제

1 나는 가까스로 사고를 피할 수 있었습니다. (avoid an accident)

_____

2 나는 가까스로 보고서를 시간 내에 마칠 수 있었습니다. (in time)

_____

Answer 1. I managed to avoid an accident. 2. I managed to finish the report in time.

Pattern 03 I cannot help ...

나는 …할 수밖에 없다

'…하지 않을 수 없다, …할 수밖에 없다'라는 의미로, 〈cannot help but + 동사원형〉 또는 〈cannot but + 동사원형〉으로도 표현할 수 있다. I cannot help loving it. / I cannot help but love it. / I cannot but love it. 나는 그것을 좋아하지 않을 수 없다.

Step 1　Basic Pattern　기초 패턴

I cannot help
나는 … 않을 수 없습니다

feeling nervous.
긴장감을 느끼지
laughing at the sight.
그 광경을 보고 웃지
thinking about him.
그를 생각하지
feeling suspicious of him.
수상히 여기지
having mixed feelings about the result.
그 결과에 관해 만감이 교차하지

* suspicious 수상한, 의심스러운 / mixed feeling 복잡한 감정

Step 2　Situation Dialog　상황 대화

A Have you seen my sandwich?
B Do you mean one on the table?
A Yes, I left it there an hour ago.
B I am sorry, but I couldn't help eating it. I was so hungry.

A 내 샌드위치 못 봤어?
B 테이블 위에 있던 것 말이니?
A 그래, 내가 한 시간 전에 그곳에 두었는데.
B 미안하지만, 내가 먹지 않을 수 없었어. 배가 너무 고팠었거든.

Step 3　Exercise　연습 문제

1 나는 그녀를 측은히 여기지 않을 수 없습니다. (feel pity for)

_____

2 나는 그 결정에 이의를 제기하지 않을 수 없습니다. (appeal against)

_____

Answer　1. I cannot help feeling pity for her. 2. I cannot help appealing against the decision.

Pattern 04 I cannot afford to …

나는 …할 여유가 없다

동사 afford는 '…할 여유가 있다'는 의미이다. 따라서 cannot과 연결시키면 '…할 여유가 없다' 또는 '…할 형편이 되지 않는다'는 의미를 나타낸다.

Step 1 Basic Pattern 기초 패턴

I cannot afford to
나는 여유가 없습니다

buy a large house.
큰 집을 살
lose another day.
또 하루를 허비할
miss the opportunity.
그 기회를 놓칠
go on vacation this year.
올해는 휴가를 갈
hire more employees.
종업원을 더 고용할

* employee 종업원 / employer 고용주

Step 2 Situation Dialog 상황 대화

A I cannot afford to pay the bills this month.
B You got paid last week, didn't you?
A I had to pay off my credit card balance.
B I told you that you should stop shopping.

* balance 균형, (은행) 잔고

A 이번 달 공과금을 지불할 여유가 없어.
B 지난주에 월급을 받지 않았어?
A 신용카드 금액을 지불해야 했거든.
B 내가 쇼핑 그만하라고 했지.

Step 3 Exercise 연습 문제

1 나는 지금 너와 함께 시간을 보낼 여유가 없습니다. (spend time with)

_____

2 나는 그런 거액을 기부할 여유가 없습니다. (donate / a large sum of money)

_____

Answer
1. I cannot afford to spend time with you now.
2. I cannot afford to donate such a large sum of money.

Pattern 05 I can no longer …

나는 더 이상 …할 수 없다

no longer 또는 not any longer는 '더 이상 …이 아니다'란 의미이다. can과 연결시켜 '더 이상 … 할 수 없다'라는 의미가 된다.

Step 1 Basic Pattern 기초 패턴

I can no longer
나는 더 이상 … 수 없습니다

trust you.
당신을 신뢰할
protect you.
당신을 보호해줄
deny the fact.
그 사실을 부정할
remain silent.
조용히 있을
put up with his arrogance.
그의 무례한 행동을 더 이상 참을

* deny 부정하다 / put up with 참다, 견디다 / arrogance 무례, 거만

Step 2 Situation Dialog 상황 대화

A Why don't we take a rest?
B We still have a long way to go.
A My legs are sore. I can no longer walk.
B OK then, let's take a break under the tree over there.

* take a break 잠시 휴식을 취하다

A 좀 쉬었다 가지 않을래?
B 아직 갈 길이 멀어.
A 다리가 아파. 더 이상 걸을 수가 없어.
B 좋아, 그러면 저 나무 아래에서 잠시 쉬자.

Step 3 Exercise 연습 문제

1 나는 더 이상 그것을 비밀로 할 수 없습니다. (keep it a secret)

_____

2 나는 더 이상 그 사이트에 접속할 수 없습니다. (access the site)

_____

Answer 1. I can no longer keep it a secret. 2. I can no longer access the site.

Pattern 06 I cannot wait to …

나는 …을 기다릴 수 없다

'…을 기다릴 수 없다' 즉 '빨리 …하고 싶다'라는 의미를 나타내는 표현이다.

Step 1 Basic Pattern 기초 패턴

I cannot wait to
나는 … 것을 기다릴 수 없습니다

see the movie.
그 영화를 보는
start the project.
그 프로젝트를 시작하는
read her new novel.
그녀의 새 소설을 읽는
move into the new apartment.
새 아파트로 이사 가는
go back to school next week.
다음 주에 학교 가는

Step 2 Situation Dialog 상황 대화

A What are you going to do during vacation?
B My family will go hiking in the mountains every summer. How about you?
A I am going backpacking to Europe. I can't wait to start the trip.

* backpacking 배낭여행

A 방학 때 뭐할 건데?
B 우리 가족은 매년 여름 등산을 가. 너는 어때?
A 나는 유럽으로 배낭 여행을 가기로 했어. 빨리 여행을 출발하고 싶어.

Step 3 Exercise 연습 문제

1 나는 여름이 어서 와서 그를 빨리 만나고 싶습니다.

___

2 나는 여행이 끝나고 집으로 갈 때까지 기다릴 수가 없어. (return home from) (= 어서 빨리 집으로 갔으면 좋겠다.)

___

Answer 1. I cannot wait to see him again this summer. 2. I cannot wait to return home from my trip.

Review Exercise

A. 단어의 맞는 뜻을 찾아 연결하시오.

1. calm down
2. take a break
3. put up with
4. mixed feeling
5. hurt one's knee

ⓐ 복잡한 감정
ⓑ 참다, 견디다
ⓒ 진정시키다
ⓓ 무릎을 다치다
ⓔ 휴식을 취하다

B. 문맥에 알맞은 어구를 찾아 문장을 완성하시오.

1. 나는 형과 뒤뜰에서 놀곤 했습니다.

    I _____ play with my brother in the backyard.

2. 나는 가까스로 콘서트 티켓을 구했습니다.

    I _____ get a ticket for the concert.

3. 나는 올해는 휴가를 갈 여유가 없습니다.

    I _____ go on vacation this year.

4. 나는 그의 무례한 행동을 더 이상 참을 수 없습니다.

    I _____ can no longer put up with his arrogance.

5. 나는 그 결과에 관해 만감이 교차하지 않을 수 없었습니다.

    I _____ having mixed feelings about the result.

ⓐ can no longer
ⓑ cannot afford to
ⓒ could not help
ⓓ used to
ⓔ managed to

C. Speaking Exercise 다음 문장을 영어로 표현하시오.

1. 나는 매주 토요일 수영하러 가곤 했습니다.

2. 나는 가까스로 첫 기차를 탈 수 있었습니다.

3. 나는 그 뉴스에 놀라지 않을 수 없었습니다.

4. 나는 비즈니스 클래스로 여행할 여유는 없어. (in business class)

5. 나는 보고서의 마감일을 더 이상 연장해줄 수 없습니다. (extend the deadline on)

6. 나는 그 선물 상자를 빨리 열어보고 싶어.

Unit 10

걱정 및 우려
I am worried ... / I am confused ... / I am disappointed ...

Preview

1. 나는 당신이 걱정됩니다. — I am worried about you.
2. 나는 한 가지가 이해되지 않습니다. — I am confused about one thing.
3. 나는 새로운 학교 생활에 대해 긴장됩니다. — I am nervous about my new school life.
4. 나는 그 보고서를 보고 놀랐습니다. — I am surprised at the report.
5. 나는 혼자 남게 되어 당황스러웠습니다. — I was embarrassed at being left alone.
6. 나는 그녀가 참석하지 않아 실망했습니다. — I am disappointed at her absence.

Preview Exercise

ⓐ confused ⓑ nervous ⓒ worried ⓓ surprised ⓔ embarrassed

1. 나는 그 결과에 놀랐어. — I am _____ at the result.
2. 나는 당신의 건강이 걱정됩니다. — I am _____ about your health.
3. 나는 그 규정들이 이해되지 않습니다. — I am _____ about the regulations.
4. 나는 그의 갑작스러운 질문에 당황스러웠어. — I was _____ at his abrupt question.
5. 나는 내일 기말 시험에 관해 걱정됩니다. — I am _____ about the final exam tomorrow.

1. ⓓ 2. ⓒ 3. ⓐ 4. ⓔ 5. ⓑ

Pattern 01 I am worried about ...

나는 …이 걱정된다

'…에 관해서 걱정하다' 또는 '우려하다'라는 의미를 나타낸다. about 다음에는 사람, 사물 또는 상황 등이 올 수 있다.

Step 1 Basic Pattern 기초 패턴

I am worried about
나는 걱정됩니다

you.
당신이
your health.
당신의 건강이
the test tomorrow.
내일 있을 테스트가
being late for my class.
수업에 늦을까
my account being hacked.
내 계정이 해킹될까

* hack 자르다, 베다, 해킹하다

Step 2 Situation Dialog 상황 대화

A My computer is infected with a virus. I am worried about losing my data.
B How do you know?
A A message, 'a virus was detected.' has popped up.
B That doesn't mean your computer was infected. Go into your antivirus program.

* infect 감염시키다 / lose one's data 자료를 잃다 / detect 발견하다, 감지하다

A 내 컴퓨터가 바이러스에 감염되었어. 내 자료를 잃을까 걱정이야.
B 그것을 어떻게 알아?
A 바이러스가 탐지되었다는 메시지가 스크린에 떠.
B 그게 컴퓨터가 감염되었다는 뜻은 아니야. 백신 프로그램으로 가봐.

Step 3 Exercise 연습 문제

1 나는 감기에 걸릴까 걱정됩니다. (catch a cold)

_____

2 나는 시스템 설치 비용이 걱정됩니다. (the cost of installing)

_____

Answer   1. I am worried about catching a cold. 2. I am worried about the cost of installing the system.

Pattern 02 I am confused about …

나는 …에 혼란스럽다; 이해되지 않는다

'혼란스럽다, 당황스럽다' 또는 '이해가 되지 않는다' 등의 의미를 나타낸다. about 대신 by 또는 as to를 사용할 수 있다. I am confused by his abrupt question. 나는 그의 갑작스러운 질문에 당황스럽다. I am confuse as to what to do next. 나는 다음에 무엇을 해야 할지 혼란스럽다.

Step 1 Basic Pattern 기초 패턴

I am confused about
나는 이해되지 않습니다

one thing.
한 가지가
its meaning.
그 의미가
the regulations.
그 규정들이
what you said yesterday.
당신이 어제 한 말이
why it is so important to you.
왜 그것이 당신에게 그렇게 중요한지

*regulation 규정

Step 2 Situation Dialog 상황 대화

A Have you attended the meeting this morning?
B Yes, I have. The new manager made quite a long speech.
A So he did, but I was confused about exactly what his point was.
B Me too.

A 어제 회의에 참석했었어?
B 참석했었지. 신임 매니저가 연설을 꽤 길게 했었잖아.
A 정말 그랬어. 하지만 나는 그의 요점이 무엇인지 이해할 수 없었어.
B 나도 그랬어.

Step 3 Exercise 연습 문제

1 나는 그녀가 이곳에 있는 목적이 이해되지 않습니다. (purpose in being here)

_____

2 나는 그 회의의 아젠다가 정확히 무엇인지 이해되지 않습니다. (the agenda for the meeting)

_____

Answer 1. I am confused about her purpose in being here.
2. I am confused about exactly what the agenda for the meeting is.

Pattern 03 I am nervous about …
나는 …이 긴장된다

'초조해하다, 떨리다' 또는 '긴장하다'라는 의미로 곧 닥칠 미래 행위에 대한 우려나 긴장감을 나타내는 표현이다.

Step 1 Basic Pattern 기초 패턴

I am nervous about
나는 긴장됩니다

my new school life.
새로운 학교 생활 때문에
the final exam tomorrow.
내일 기말 시험 때문에
seeing her again next week.
다음 주 그녀를 다시 만날 생각에
the result of the medical tests.
건강 검진 결과가
making a presentation next week.
다음 주 발표할 생각에

* presentation 발표

Step 2 Situation Dialog 상황 대화

A When did you take your health check?
B I did it last Wednesday.
A Have you got the result?
B Not yet, I am a little nervous about it.

A 건강 검진은 언제 받았어?
B 지난 수요일에 받았어.
A 결과는 나왔어?
B 아직 나오지 않았어. 결과에 관해 좀 신경이 쓰여.

Step 3 Exercise 연습 문제

1 나는 내일 있을 취업 인터뷰 때문에 긴장됩니다. (the job interview)

_____

2 나는 팀에 대한 책임을 책임져야 하는 것에 관해 긴장돼. (taking the responsibility for)

_____

Answer
1. I am nervous about the job interview tomorrow.
2. I am nervous about taking the responsibility for the team.

Pattern 04 I am surprised at …
나는 …에 놀랐다

전치사 at 외에도 부정사 to, 관계사 that, 접속사 if 등을 사용하여 다양한 표현을 할 수 있다. I am surprised to hear the news. 나는 그 소식을 듣고 놀랐다. / I'd be surprised if she didn't come. 나는 그녀가 오지 않았더라면 놀랐을 것이다.

Step 1 Basic Pattern 기초 패턴

I am surprised at
나는 놀랐습니다

the result.
그 결과에
the report.
그 보고서를 보고
his reaction.
그의 반응에
the speed of the motor boat.
그 모터 보트의 속도에
the number of people attending the rally.
그 집회에 참석한 사람들의 수에

* rally 집회

Step 2 Situation Dialog 상황 대화

A I heard you passed the exam. Congratulations!
B Thank you. I think I was lucky.
A No, it wasn't luck. I know you worked really hard and would have been surprised if you didn't pass.

A 너 시험에 합격했다고 들었어. 축하해!
B 고마워. 운이 좋았었던 것 같아.
A 운은 아니야. 네가 얼마나 열심히 했는지 내가 알거든. 아마 합격하지 않았다면 놀랐을 거야.

Step 3 Exercise 연습 문제

1 나는 당신의 무관심에 놀랐습니다. (indifference)

_____

2 나는 그 드레스의 가격에 놀랐습니다. (price)

_____

Answer 1. I am surprised at your indifference. 2. I am surprised at the price of the dress.

Pattern 05 I was embarrassed at/by ...

나는 …에 당황스러웠다

당황함이나 당혹스러움을 나타내는 표현이다. was는 과거를 의미하며 현재시제일 경우 am으로 바꿔 사용한다. 전치사는 at 외에도 about, by 등을 사용할 수 있으며, 〈to + 동사원형〉의 구문도 연결 가능하다. I am embarrassed to talk in front of a large audience. 나는 많은 청중들 앞에서 말하는 것이 쑥스럽다.

Step 1 Basic Pattern 기초 패턴

I was embarrassed
나는 당황스러웠습니다

by my mistake.
실수에
at his abrupt question.
그의 갑작스러운 질문에
at being left alone.
혼자 남게 되어
at the way he acted.
그가 행동하는 방식에
by her sudden change in attitude.
그녀의 갑작스러운 태도 변화에

* abrupt 갑작스러운

Step 2 Situation Dialog 상황 대화

A Did you ask her out on a date?
B Yes, I did.
A What was her answer?
B She said no. I was a bit embarrassed by her flat refusal.

A 그녀에게 데이트 신청했니?
B 응, 했어.
A 그녀의 대답은 뭐였어?
B 싫다고 했어. 그녀가 너무 단호하게 거절해서 좀 무안했어.

Step 3 Exercise 연습 문제

1 나는 갑작스럽게 관심을 받는 것이 당혹스럽습니다. (sudden attention)

_____

2 나는 그녀의 갑작스러운 출현에 당황했었습니다. (unexpected appearance)

_____

Answer
1. I am embarrassed at the sudden attention.
2. I was embarrassed by her unexpected appearance.

Pattern 06 I am disappointed at …

나는 …에 실망한다

실망이나 낙담을 나타내는 표현이다. 실망의 대상은 사람 및 사람의 행위나 태도, 또는 일이나 사건 및 상황이 될 수 있다. 전치사는 at 외에도 about, in, of, 또는 with 등을 사용할 수 있다.

Step 1 Basic Pattern 기초 패턴

I am disappointed at
나는 실망합니다

- him.
  그에게
- her absence.
  그녀가 참석하지 않아
- the situation.
  그 상황에
- the test result.
  시험 결과에
- his lack of experience.
  그의 경험 부족에

Step 2 Situation Dialog 상황 대화

A How was the movie last night?
B It was one of the worst I've ever seen. I was really disappointed at it.
A Really? I heard it is one of the most expensive movies of all time.
B I am not sure of that, but its plot was too simple and none of the actors was particularly good.

A 어제 영화는 어땠어?
B 내가 본 것 중 최악이었어. 정말 실망스러웠어.
A 그래? 제작 비용이 가장 많이 든 영화 중의 하나라고 들었는데.
B 그건 모르겠어, 하지만 구성도 너무 단순했고 특별히 뛰어난 배우도 없었어.

Step 3 Exercise 연습 문제

1 나는 진행 속도가 늦어 실망했습니다. (slow progress)

_____

2 나는 최근의 판매 수치에 실망했습니다. (the latest sales figures)

_____

Answer 1. I am disappointed at the slow progress. 2. I am disappointed at the latest sales figures.

Review Exercise

A. 단어의 맞는 뜻을 찾아 연결하시오.

1. hack
2. rally
3. infect
4. detect
5. abrupt

ⓐ 집회
ⓑ 감지하다
ⓒ 해킹하다
ⓓ 갑작스러운
ⓔ 감염시키다

B. 문맥에 알맞은 어구를 찾아 문장을 완성하시오.

1. 나는 그의 반응에 놀랐습니다.
   I am _____ his reaction.
2. 나는 시험 결과에 실망했습니다.
   I am _____ the test result.
3. 나는 당신이 어제 한 말이 이해되지 않습니다.
   I am _____ what you said yesterday.
4. 나는 다음 주 발표할 생각에 긴장됩니다.
   I am _____ making a presentation next week.
5. 나는 그녀의 갑작스러운 태도의 변화에 당황스러웠습니다.
   I was _____ her sudden change in attitude.

ⓐ confused about
ⓑ disappointed at
ⓒ embarrassed by
ⓓ surprised at
ⓔ nervous about

C. Speaking Exercise 다음 문장을 영어로 표현하시오.

1. 나는 우리 할머니의 건강이 걱정됩니다.

2. 나는 그 메시지가 무엇을 의미하는지 이해되지 않습니다.

3. 나는 다음에 무엇을 해야 할지 걱정됩니다. (nervous)

4. 나는 그의 갑작스러운 은퇴 선언에 놀랐습니다. (retirement)

5. 나는 그녀의 갑작스러운 방문에 당황했습니다.

6. 나는 그 경기의 결과에 실망했습니다.

Unit 11

감사 및 관심
I enjoy ... / I appreciate ... / I am interested ...

Preview

1. 나는 요리하는 것을 즐긴다. — I enjoy cooking.
2. 당신의 협조에 감사합니다. — I appreciate your cooperation.
3. 나는 그의 재능이 부러워. — I envy his talent.
4. 나는 패션에 관심이 있다. — I am interested in fashion.
5. 나는 쇼핑에 관심이 없다. — I am not interested in shopping.
6. 나는 그 프로젝트에 참여하고 있다. — I am involved in the project.

Preview Exercise

ⓐ envy ⓑ appreciate ⓒ enjoy ⓓ interested ⓔ involved

1. 나는 그녀가 부러워. — I ____ her.
2. 나는 혼자 있는 것을 즐긴다. — I ____ being alone.
3. 전화해주셔서 감사합니다. — I ____ your call.
4. 나는 그 분쟁에 연루되어 있다. — I am ____ in a dispute.
5. 나는 고전 음악에 관심이 있다. — I am ____ in classic music.

1. ⓐ 2. ⓒ 3. ⓑ 4. ⓔ 5. ⓓ

Pattern 01 I enjoy ...
나는 …을 즐긴다

동사 enjoy는 '즐기다' 또는 '좋아하다'라는 의미이다. 목적어로 명사 또는 동명사를 사용해야 한다는 점에 주의한다. 비슷한 뜻을 가진 like -ing 또는 love -ing 구문으로 바꾸어 쓸 수 있다.

Step 1 Basic Pattern 기초 패턴

I enjoy 나는 즐깁니다
- **cooking.** 요리하는 것을
- **being alone.** 혼자 있는 것을
- **playing squash.** 스쿼시 치는 것을
- **surfing the Internet.** 인터넷 서핑을
- **playing video games.** 컴퓨터 게임하는 것을

*surf 파도; 파도를 타다, (인터넷) 서핑을 하다

Step 2 Situation Dialog 상황 대화

A What is your hobby?
B I enjoy watching movies.
A What type of movies do you like?
B I like comedy movies.

A 넌 취미가 뭐니?
B 나는 영화 보는 것을 즐겨.
A 어떤 영화를 좋아해?
B 나는 코미디 영화가 좋아.

Step 3 Exercise 연습 문제

1 나는 주말에는 윈도 쇼핑을 즐깁니다. (window shopping)

_____

2 나는 방과 후 친구들과 농구하는 것을 좋아합니다. (with / after)

_____

Answer 1. I enjoy window shopping on weekends. 2. I enjoy playing basketball with friends after school.

Pattern 02 I appreciate ...

나는 …에 대해 감사한다

상대방의 행위에 대해 감사하는 구문이다. I appreciate …는 과거 행위에 대한 감사 표현이다. 미래 행위에 대한 감사는 would appreciate로 표현한다. I would appreciate if …해주시면 고맙겠습니다

Step 1 Basic Pattern 기초 패턴

I appreciate
나는 …에 대해 감사합니다

your call.
전화해준 것

your cooperation.
당신의 협조

the conversation that we had earlier.
일전에 우리가 나누었던 대화

I would appreciate
… 고맙겠습니다

your help in this matter.
이 문제에 도움을 주시면

if you would just stop complaining.
불평은 그만해주시면

* cooperation 협조, 협동 / complain 불평하다

Step 2 Situation Dialog 상황 대화

A How can I help you?
B I bought these shoes here yesterday, but I found some scratches inside.
A Let me see. … I am sorry this is a faulty product. What do you want us to do?
B I would appreciate if you give me a replacement.

* scratch 긁힌 자국, 상처 / faulty 결함이 있는 / replacement 교체, 대체, 교체물

A 어떻게 도와드릴까요?
B 어제 여기서 이 신발을 구입했어요. 그런데 안쪽에 스크래치가 있는 것을 알았어요.
A 제가 한 번 보겠습니다… 죄송합니다. 이 제품은 불량품이군요. 어떻게 해드리길 원하세요?
B 다른 것으로 교체해주시면 고맙겠습니다.

Step 3 Exercise 연습 문제

1 도움을 주셔서 감사합니다. (support)

_____

2 제게 충고를 주신다면 감사하겠습니다. (give me some advice)

_____

Answer 1. I appreciate your support. 2. I would appreciate it if you could give me some advice.

Pattern 03 I envy ...

나는 …이 부럽다

명사 또는 동사로 사용되는 envy는 부러움 또는 선망의 뜻을 가진 단어로 시기나 질투가 아닌 상대방의 장점이나 자질 또는 업적 등을 칭찬하는 표현으로 사용된다.

Step 1 Basic Pattern 기초 패턴

I envy
나는 부럽습니다

her.
그녀가

his talent.
그의 재능이

your career.
당신의 경력이

your resolution.
당신의 결단력이

you for having such a good friend.
당신에게 그렇게 좋은 친구가 있는 것이

* resolution 결의, 결단

Step 2 Situation Dialog 상황 대화

A Do you have any plans for this coming summer vacation?
B I am visiting my grandparents in France. They invited me to stay with them during my vacation.
A I envy you having such wonderful grandparents.

A 이번 여름 방학에 무슨 계획이 있니?
B 프랑스에 계시는 할머니 할아버지를 방문하려고 해. 방학 동안 함께 지내자고 나를 초대하셨거든.
A 그런 멋진 할머니 할아버지가 있는 네가 부러워.

Step 3 Exercise 연습 문제

1 나는 너의 유머 감각이 부러워. (sense of humor)

_____

2 나는 너의 용기와 지혜가 부러워. (courage and wisdom)

_____

Answer 1. I envy your sense of humor. 2. I envy you your courage and wisdom.

Pattern 04 I am interested in ...
나는 …에 관심이 있다

어떤 일에 관심 또는 흥미가 있음을 나타내는 표현이다.

Step 1 Basic Pattern 기초 패턴

I am interested in
나는 관심이 있습니다

art.
미술에
fashion.
패션에
classic music.
고전 음악에
becoming a farmer.
농부가 되는 것에
operating a restaurant.
식당을 운영하는 일에

* operate 운영하다, 경영하다, 가동하다

Step 2 Situation Dialog 상황 대화

A What are you going to do after school?
B I am going to college. I am interested in studying physics. How about you?
A I want to be a chef. So, I am going to take a vocational course.

* vocational 직업의

A 졸업 후 무엇을 할 거니?
B 나는 대학에 갈 거야. 물리학을 공부하는 데 관심이 있거든. 너는 어때?
A 나는 요리사가 되고 싶어. 그래서 직업 훈련을 받으려고 해.

Step 3 Exercise 연습 문제

1 나는 과학을 공부하는 것에 관심이 있습니다. (science)
_____

2 나는 한국어와 문화에 관심이 있습니다. (language and culture)
_____

Answer 1. I am interested in studying science. 2. I am interested in Korean language and culture.

Pattern 05: I am not interested in ...
나는 …에 관심이 없다

어떤 일이나 사항에 흥미나 관심이 없음을 나타내는 표현이다.

Step 1 Basic Pattern 기초 패턴

I am not interested in
나는 관심이 없습니다

- **sports.** 운동에
- **shopping.** 쇼핑에
- **him at all.** 그에게 전혀
- **playing football.** 축구를 하는 것에
- **what you want to do.** 네가 무엇을 하고 싶은지에

Step 2 Situation Dialog 상황 대화

A I have to buy something to eat for a picnic tomorrow.
B Who are you going with?
A Jessica and Tina will come. Are you joining us?
B No thanks. I am not interested in it.

A 내일 소풍을 위한 음식을 좀 사야해.
B 누구와 함께 가는데?
A 제시카와 티나가 올 거야. 너도 함께 갈래?
B 고맙지만 사양하겠어. 나는 소풍에 관심이 없어.

Step 3 Exercise 연습 문제

1 나는 액션 영화에 관심이 없습니다. (action movies)

_____

2 나는 당신의 제안에 관심이 없습니다. (suggestions)

_____

Answer 1. I am not interested in action movies. 2. I am not interested in your suggestions.

Pattern 06 I am involved in …

나는 …에 관련되어 있다

'어떤 상황이나 사건에 연루되다' 또는 '어떤 활동이나 행사에 참여하다'라는 의미를 표현한다.

Step 1 Basic Pattern 기초 패턴

I am involved in
난 … 관련되어 있습니다

a dispute.
그 분쟁에
the project.
그 프로젝트에
a venture business.
벤처 사업에 (종사하고)
an online retail business.
온라인 판매 사업에 (종사하고)
a campaign against racial discrimination.
인종차별에 반대하는 캠페인에

* venture 모험, 벤처 사업 / racial discrimination 인종차별

Step 2 Situation Dialog 상황 대화

A You were late this morning.
B I was involved in a car accident on my way to the office.
A How did it happen?
B A truck crashed into the bus I was on.

* crash 충돌하다

A 오늘 아침에 지각했더군.
B 사무실로 오던 중, 교통 사고를 당했어.
A 어떤 사고였는데?
B 트럭 한 대가 내가 타고 있던 버스와 충돌했어.

Step 3 Exercise 연습 문제

1 나는 수영 시합에 참가합니다. (competition)

_____

2 나는 자산 기금 행사에 참여하고 있어. (a charity fundraising event)

_____

Answer 1. I am involved in a swimming competition. 2. I am involved in a charity fundraising event

Review Exercise

A. 단어의 맞는 뜻을 찾아 연결하시오.

1. crash
2. retail
3. complain
4. vocational
5. resolution

ⓐ 직업의
ⓑ 결의, 결단
ⓒ 충돌하다
ⓓ 소매하다
ⓔ 불평하다

B. 문맥에 알맞은 어구를 찾아 문장을 완성하시오.

1. 나는 인터넷 서핑을 즐깁니다.
   I _____ surfing the Internet.
2. 나는 벤처 사업에 종사하고 있습니다.
   I _____ a venture business.
3. 나는 축구를 하는 것에 관심이 없습니다.
   I _____ playing football.
4. 비밀을 지켜주시면 고맙겠습니다.
   I _____ you keeping it a secret.
5. 나는 당신에게 그렇게 좋은 친구가 있는 것이 부러워요.
   I _____ you for having such a good friend.

ⓐ am not interested in
ⓑ would appreciate
ⓒ enjoy
ⓓ am involved in
ⓔ envy

C. Speaking Exercise 다음 문장을 영어로 표현하시오.

1. 나는 사람들과 이야기하는 것을 좋아합니다.

2. 즉시 답장해주시면 고맙겠습니다.

3. 나는 당신의 침착함이 부럽습니다. (calmness)

4. 나는 고딕 양식의 건축에 관심이 있습니다.

5. 나는 컴퓨터 게임에 관심이 없습니다.

6. 나는 국제 무역업에 종사하고 있습니다.

Part 1 Answer

Unit 01　　　　　　　　　　p20

A. 1. ⓒ 2. ⓑ 3. ⓔ 4. ⓓ 5. ⓐ
B. 1. ⓑ 2. ⓐ 3. ⓒ 4. ⓔ 5. ⓓ
C. 1. I am from a small town in the south east.
   2. I am on the phone with my friend.
   3. We are ready to start negotiations.
   4. I am not ready to make a decision on this issue yet.
   5. I am good at playing tennis.
   6. I am not good at mathematics.

Unit 02　　　　　　　　　　p28

A. 1. ⓑ 2. ⓐ 3. ⓓ 4. ⓒ 5. ⓔ
B. 1. ⓑ 2. ⓒ 3. ⓐ 4. ⓔ 5. ⓓ
C. 1. I am glad to be back here.
   2. I am glad that you are back safe and sound.
   3. I am happy to accept your challenge.
   4. I am willing to take a risk if necessary.
   5. I am sure that he is honest and trustworthy.
   6. I am not sure if the information is correct.

Unit 03　　　　　　　　　　p36

A. 1. ⓒ 2. ⓔ 3. ⓐ 4. ⓑ 5. ⓓ
B. 1. ⓒ 2. ⓐ 3. ⓑ 4. ⓔ 5. ⓓ
C. 1. I am going to build a house here.
   2. I am not going to attend the event.
   3. I am planning to start a new business next year.
   4. I am trying to persuade him to attend the meeting.
   5. I am about to tell you something I saw last night.
   6. I am in the middle of writing a report.

Unit 04　　　　　　　　　　p44

A. 1. ⓓ 2. ⓔ 3. ⓐ 4. ⓑ 5. ⓒ
B. 1. ⓒ 2. ⓔ 3. ⓑ 4. ⓐ 5. ⓓ
C. 1. I am looking for the city library.
   2. I am looking forward to visiting Venice next month.
   3. I am asking for your views on what happened today.
   4. I am talking about our itinerary.
   5. I am calling to inform you about some changes.
   6. I am thinking of moving to Florida.

Unit 05　　　　　　　　　　p52

A. 1. ⓓ 2. ⓐ 3. ⓔ 4. ⓑ 5. ⓒ
B. 1. ⓑ 2. ⓒ 3. ⓐ 4. ⓔ 5. ⓓ
C. 1. I would like to cancel my reservation.
   2. I don't like to be involved in the dispute.
   3. I want to join the Marines.
   4. I don't want to give up my dream.
   5. I think he can give you some help.
   6. I suggest that we make sure the information is correct.

Unit 06　　　　　　　　　　p60

A. 1. ⓑ 2. ⓐ 3. ⓔ 4. ⓒ 5. ⓓ
B. 1. ⓑ 2. ⓐ 3. ⓒ 4. ⓔ 5. ⓓ
C. 1. I feel like staying home all day today.
   2. I don't feel like having an argument with you today.
   3. I hate to admit it, but it was my fault.
   4. I prefer to postpone the schedule for further consideration.
   5. I would rather not waste my time doing something I don't like.
   6. I believe he won't let us down.

Unit 07　　　　　　　　　　p68

A. 1. ⓓ 2. ⓔ 3. ⓐ 4. ⓑ 5. ⓒ
B. 1. ⓒ 2. ⓐ 3. ⓓ 4. ⓔ 5. ⓑ
C. 1. I know it will not be an easy task.
   2. I knew it would happen anyway, but not like this.
   3. I don't know if he will come or not.
   4. I don't know how he figured out the password.
   5. I have no idea which team will go to the final.
   6. I wonder what time the concert starts.

Unit 08　　　　　　　　　　p76

A. 1. ⓐ 2. ⓒ 3. ⓑ 4. ⓔ 5. ⓓ
B. 1. ⓐ 2. ⓓ 3. ⓒ 4. ⓑ 5. ⓔ
C. 1. I need to get the job done by tomorrow.
   2. We have to wait a little longer.
   3. I don't have to go to work tomorrow.
   4. I have no reason to distrust them.
   5. I didn't mean to interrupt your conversation.
   6. I don't mind whether they are coming or going.

Part 1 Answer

Unit 09　　　　　　　　　　p84

A. 1. ⓒ　2. ⓔ　3. ⓑ　4. ⓐ　5. ⓓ
B. 1. ⓓ　2. ⓔ　3. ⓑ　4. ⓐ　5. ⓒ
C. 1. I used to go swimming every Saturday.
　 2. I managed to take the first train.
　 3. I could not help being surprised at the news.
　 4. I cannot afford to travel in business class.
　 5. I can no longer extend the deadline on the report.
　 6. I cannot wait to open the gift box.

Unit 10　　　　　　　　　　p92

A. 1. ⓒ　2. ⓐ　3. ⓔ　4. ⓑ　5. ⓓ
B. 1. ⓓ　2. ⓑ　3. ⓐ　4. ⓔ　5. ⓒ
C. 1. I am worried about my grandmother's health.
　 2. I am confused about what the message means.
　 3. I am nervous about what to do next.
　 4. I was surprised at his sudden retirement.
　 5. I was embarrassed by her sudden visit.
　 6. I am disappointed at the result of the match.

Unit 11　　　　　　　　　　p100

A. 1. ⓒ　2. ⓓ　3. ⓔ　4. ⓐ　5. ⓑ
B. 1. ⓒ　2. ⓓ　3. ⓐ　4. ⓑ　5. ⓔ
C. 1. I enjoy talking with people.
　 2. I would appreciate your prompt reply.
　 3. I envy your calmness.
　 4. I am interested in Gothic architecture.
　 5. I am not interested in playing video games.
　 6. I am involved in international trade.

Part 2 · 2인칭 표현: You

대화의 상대방에 대해 진술하거나 질문하는 표현이다. 1인칭에서와 마찬가지로 be동사, 일반동사, 조동사를 사용하는 경우로 분류될 수 있다. 2인칭 대화의 주요 유형은 다음과 같다.

① 상대방의 상황이나 상태에 관해 설명하거나 질문하는 표현: You are … / Are you …?
You are very attractive. 당신은 매우 매력적입니다.
Are you busy now? 지금 바빠요?

② 상대방의 일정이나 예정에 관한 표현: You are going to … / You are supposed to …
You are going to hear from him soon. 당신은 그로부터 곧 소식을 듣게 될 것이다
You are supposed to be here by six. 당신은 이곳에 6시까지 와야 합니다.

③ 상대방의 의무에 관한 표현: You should … / You have to …
You should obey the rules. 당신은 규칙을 따라야 합니다.
You have to come back by 9 P.M. 너는 9시까지는 돌아와야 한다.

④ 상대방이 원하거나 필요한 사항을 묻는 질문: Do you want …? / Do you need …?
Do you want something to drink? 뭐 좀 마시겠어요?
Do you need a lift to the airport? 공항까지 태워드릴까요?

⑤ 상대방에게 당부하거나 주의를 주는 표현: Don't be … / Don't try to … / Don't forget to …
Don't be afraid. 겁내지 마세요.
Don't try to make an excuse. 변명하려 하지 마시오.
Don't forget to call me when you arrive. 도착하면 내게 전화하는 것 잊지 마세요.

Unit 12

상황 또는 상태 1 (질문)
Are you ...?

Preview

1. 지금 바빠요? Are you busy now?
2. 아직 그녀에게 화가 나 있나요? Are you still mad about her?
3. 힌트 좀 주시겠어요? Are you going to give me a clue?
4. 내가 유치하다고 말하는 거야? Are you saying that I am childish?
5. 네가 문을 잠근 것이 확실해? Are you sure you locked the door?
6. 그의 대답에 만족하나요? Are you happy with his answer?

Preview Exercise

ⓐ sure ⓑ going ⓒ happy ⓓ saying ⓔ ready

1. 그 가격에 만족하나요? Are you ____ with that price?
2. 힌트 좀 주시겠어요? Are you ____ to give me a clue?
3. 네가 할 수 있는 것이 확실해? Are you ____ you can do it?
4. 주문하시겠어요? Are you ____ to order now?
5. 그가 사기꾼이라고 말하는 거야? Are you ____ that he is a cheater?

1. ⓒ 2. ⓑ 3. ⓐ 4. ⓔ 5. ⓓ

Pattern 01 Are you …?

…인가요?

2인칭 의문문 중 가장 쓰임의 폭이 넓은 표현이다. 형용사, 과거분사, 또는 전치사구 등을 연결시켜 다양한 표현을 할 수 있다.

Step 1 Basic Pattern 기초 패턴

Are you 당신 …
- alright? 괜찮아요?
- busy now? 지금 바빠요?
- ready to order now? 주문하시겠어요?
- done reading the book? 그 책은 다 읽었어?
- done with your homework? 너의 숙제는 다 했니?

※ Are you done …은 구어체 표현으로 미 영화나 드라마에서 종종 들을 수 있는 표현이다. 표준 영어 또는 영국 영어에서는 Have you done with your homework?로 표현한다.

Step 2 Situation Dialog 상황 대화

A Are you ready to go?
B One moment please, I can't decide what shoes I should wear with this dress.
A Please hurry up, we are already late.

A 갈 준비 됐어?
B 잠깐만 기다려. 어떤 구두를 신어야 이 옷과 어울리는지 모르겠어.
A 제발 서둘러, 이미 늦었어.

Step 3 Exercise 연습 문제

1 그 점수에 만족하나요? (the score)
_____

2 자신의 모습에 만족하나요? (the way you look)
_____

Answer 1. Are you disappointed with the score? 2. Are you satisfied with the way you look?

Pattern 02 Are you still ...?

여전히 …인가요?

과거의 상태나 행위 또는 동작 등이 지금도 계속되고 있는지 묻는 질문이다.

Step 1 Basic Pattern 기초 패턴

Are you still
당신 여전히 …

single?
미혼이신가요?
mad about her?
그녀에게 화가 나 있나요?
looking for a job?
직업을 구하고 있나요?
reading the book?
그 책을 읽고 있나요?
hanging around here?
이 근처에서 서성거리고 있나요?

* hang around 서성거리다

Step 2 Situation Dialog 상황 대화

A Are you still using a 2G phone?
B Yes, it is a bit old but working perfectly well.
A Why don't you buy a smartphone? You can enjoy many conveniences with it.
B Well, I am satisfied with basic mobile service. I don't need unnecessary features and complex functions.

* convenience 편의, 편리 / function 기능

A 너는 아직도 2G폰을 쓰고 있니?
B 응, 약간 오래되긴 했지만 아주 잘 작동하고 있어.
A 스마트폰을 구입하는 게 어때? 여러 가지 편리한 기능들이 많거든.
B 글쎄, 나는 기본 모바일 서비스에 만족해. 불필요한 사양이나 복잡한 기능은 필요하지 않아.

Step 3 Exercise 연습 문제

1 너는 아직 그녀와 만나고 있니? (go out with)

___

2 너는 고등학교 친구들과 아직 연락하고 있어? (in touch)

___

Answer 1. Are you still going out with her? 2. Are you still in touch with friends from high school?

Pattern 03 Are you going to ...?

…할 것인가요?

예정된 또는 가까운 미래에 하고자 하는 일에 관해 질문하는 표현이다.

Step 1 Basic Pattern 기초 패턴

Are you going to … 건가요?

give me a clue?
힌트 좀 주실

visit him tonight?
오늘 밤 그를 방문할

apply for the internship?
인턴 과정에 지원할

eat the whole pizza alone?
그 피자를 전부 혼자서 먹을

visit Sidney again this summer?
이번 여름에도 시드니를 방문할

* clue 단서, 실마리 / internship 인턴과정

Step 2 Situation Dialog 상황 대화

A I have two tickets for Friday's concert. Are you going with me?
B I want to, but have an appointment on that day. What time does the concert begin?
A It begin at 7 P.M.
B OK, I will rearrange my schedule.

* appointment 약속

A 금요일 콘서트 티켓이 두 장 있어. 같이 가지 않을래?
B 가고 싶긴 한데, 그날 약속이 있어. 콘서트가 몇 시에 시작해?
A 오후 7시에 시작해.
B 알었어, 일정을 조정해볼게.

Step 3 Exercise 연습 문제

1 새 사업을 시작하려 하십니까? (start)

_____

2 무엇에 관한 것인지 힌트를 주시겠어요? (what this is about)

_____

Answer 1. Are you going to start a new business? 2. Are you going to give me a clue what this is about?

Pattern 04: Are you saying (that) ...?

…라는 말인가요?

상대방의 말을 잘 이해하지 못했거나 또는 들었던 내용에 관한 재확인이 필요할 때 사용할 수 있는 표현이다.

Step 1 Basic Pattern 기초 패턴

Are you saying … 말인가요?

- I am childish?
  내가 유치하다는
- he is a cheater?
  그가 사기꾼이라는
- I broke the window?
  내가 창문을 깨트렸다는
- you cannot help me?
  나를 도와줄 수 없다는
- you did it on purpose?
  당신이 의도적으로 그것을 했다는

* childish 유치한 cf. childlike 순진한 / cheater 사기꾼 / on purpose 의도적으로

Step 2 Situation Dialog 상황 대화

A Someone took my vase yesterday.
B Do you mean the china vase in your living room?
A That's right and no one visited me except you yesterday.
B Are you saying that it is me who took the vase?

A 누군가가 어제 내 꽃병을 가져갔어.
B 네 거실에 있던 도자기 화병을 말하는 거야?
A 맞아, 그런데 어제 너 외에는 아무도 방문하지 않았거든.
B 너는 지금 내가 그 꽃병을 가져갔다고 말하는 거니?

Step 3 Exercise 연습 문제

1 그를 혼자 두었다고 말하는 거니? (alone)

   _____

2 그가 백만장자라고 말하는 겁니까? (millionaire)

   _____

Answer 1. Are you saying that you left him alone? 2. Are you saying that he is a millionaire?

Pattern 05: Are you sure (that) …?

…이 확실한가요?

의심스럽거나 믿기 어려운 사실에 대해 재차 확인을 요구하는 표현이다.

Step 1 Basic Pattern 기초 패턴

Are you sure
… 것이 확실한가요?

- you can do it?
  당신이 할 수 있는
- you locked the door?
  당신이 문을 잠근
- this is the correct address?
  이 주소가 정확한
- you didn't know about this?
  이것에 관해 알지 못했던
- you entered your password correctly?
  패스워드를 정확히 입력한

Step 2 Situation Dialog 상황 대화

A What are you looking for?
B I'm looking for my contact lenses. I think I put them in my bag but I can't find them.
A Are you sure you put them in your bag?

A 뭐 찾아?
B 콘텍트 렌즈를 찾고 있어. 가방 안에 넣었다고 생각하는데, 찾을 수가 없어.
A 가방에 넣은 것이 확실해?

Step 3 Exercise 연습 문제

1 그가 네 편인 게 확실해? (on one's side)

_____

2 네가 여기 들어오는 것을 아무도 보지 않은 것이 확실해? (see you come in)

_____

Answer 1. Are you sure he is on your side? 2. Are you sure no one saw you come in here?

110

Pattern 06 Are you happy with …?

…에 만족하나요?

어떤 사안에 대한 만족도를 묻는 질문이다. 〈형용사 또는 과거분사 + with〉 형태의 구문으로 Are you satisfied with …?와 같은 의미로 사용된다.

Step 1 Basic Pattern 기초 패턴

Are you happy with
…에 만족하나요?

that price?
그 가격
his answer?
그의 대답
your choice?
당신의 선택
your current situation?
당신의 현재 상황
what you have done so far?
당신이 지금까지 이룬 것

* current situation 현재 상황

Step 2 Situation Dialog 상황 대화

A Do you know a reliable service station?
B I do. It is not far from my office.
A Are you happy with their service?
B I have used their services for about five years now, and had no problem so far.

A 믿을 만한 정비소 아는 곳이 있니?
B 있어. 내 사무실에서 멀지 않은 곳이야.
A 그들의 서비스에 만족해?
B 현재까지 약 5년 동안 그곳에서 서비스를 받았는데, 아무런 문제도 없었어.

Step 3 Exercise 연습 문제

1 내 선물에 만족해? (present)
   _____

2 당신이 내린 결정에 만족하나요? (decision)
   _____

Answer 1. Are you happy with my present? 2. Are you happy with the decision you have made?

Review Exercise

A. 단어의 맞는 뜻을 찾아 연결하시오.

1. clue
2. satisfy
3. function
4. internship
5. convenience

ⓐ 기능
ⓑ 단서
ⓒ 편의
ⓓ 인턴과정
ⓔ 만족시키다

B. 문맥에 알맞은 어구를 샂아 문장을 완성하시오.

1. 그 책은 다 읽었어?
   _____ reading the book?
2. 당신의 선택에 만족하십니까?
   _____ with your choice?
3. 인턴 과정에 지원할 것인가요?
   _____ to apply for the internship?
4. 당신이 의도적으로 그것을 했다고 말하는 겁니까?
   _____ that you did it on purpose?
5. 패스워드를 정확히 입력한 것이 확실한가요?
   _____ you entered your password correctly?

ⓐ Are you happy
ⓑ Are you done
ⓒ Are you saying
ⓓ Are you sure
ⓔ Are you going

C. Speaking Exercise 다음 문장을 영어로 표현하시오.

1. 당신의 현재 직업에 만족하나요? (current work)

2. 당신은 아직도 그 무역회사에서 일하고 있나요? (trading company)

3. 그 시합에 참석할 것인가요? (take part in)

4. 내가 용의자들 중의 한 사람이라고 말하는 겁니까?

5. 네가 그녀에게 아무 말도 하지 않은 것이 확실해?

6. 최근에 이사한 집이 만족스러운가요?

Unit 13

상황 또는 상태 2 (진술)
You are so ... / You look like ...

Preview

1. 너는 정말 멋져. You are so cool.
2. 너는 정말 멋진 녀석이야. You are such a cool guy.
3. 당신은 매우 재능이 있습니다. You are very talented.
4. 너는 항상 도움이 돼. You are always helpful.
5. 너는 피곤해 보인다. You look tired.
6. 너는 긴장하는 것으로 보이지 않아. You don't look nervous.

Preview Exercise

ⓐ look ⓑ so ⓒ don't look ⓓ such ⓔ always

1. 넌 너무 귀여워. You are _____ cute.
2. 넌 정말 멋진 녀석이야. You are _____ a cool guy.
3. 너는 언제나 환영이야. You are _____ welcome.
4. 당신은 나이보다 어려 보입니다. You _____ young for your age.
5. 너는 별로 즐거워 보이지 않아. You _____ very excited.

1. ⓑ 2. ⓓ 3. ⓔ 4. ⓐ 5. ⓒ

Pattern 01 You are so ...
너는 매우 …하다

상대방의 특징이나 상황을 묘사하는 가장 기본적인 구문 형태로서, 너무 …하다는 의미로 so 다음에 형용사를 연결시킨다.

Step 1 Basic Pattern 기초 패턴

You are so | cute.
너는 매우 | 귀여워.
| cool.
| 멋져.
| lucky.
| 운이 좋아.
| smart.
| 영리해.
| innocent.
| 순진해.

* innocent 순진한, 결백한

Step 2 Situation Dialog 상황 대화

A I bought this scarf for $100 yesterday.
B You paid way too much. I think you got ripped off.
A But the salesman told me he was selling it at half price.
B You are so naive. You should not trust everything street vendors say.

* rip off 속이다, 훔치다 / naive 순진한 / street vendor 노점상

A 어제 이 스카프를 100달러에 샀어.
B 너무 비싸게 주고 샀어. 내 생각엔 네가 바가지를 쓴 것 같아.
A 하지만 그 상인은 내게 절반 값에 파는 것이라고 말했었는데.
B 너는 정말 순진하구나. 길거리 상인들의 말을 다 믿어서는 안 돼.

Step 3 Exercise 연습 문제

1 너는 정말 재미있어. (funny)

_____

2 너는 정말 다정해. (sweet)

_____

Answer   1. You are so funny. 2. You are so sweet.

Pattern 02 You are such a(n) ...

너는 정말 … 이다

You are so …는 형용사를 연결시키는 데 반해, such는 명사를 연결시킨다.

Step 1 Basic Pattern 기초 패턴

You are such
너는 정말

a cool guy.
멋진 녀석이야.

a courageous person.
용감한 사람이야.

an amazing woman.
멋진 여성이야.

a pain.
골칫거리야.

an idiot.
멍청이야.

courageous 용감한

Step 2 Situation Dialog 상황 대화

A What's the problem?
B I want to move this table to the second floor, but it is too heavy for me.
A Don't worry. I will help you.
B Thank you. You are such a kind friend.

A 무슨 일이야?
B 이 테이블을 2층으로 옮기고 싶은데, 너무 무거워.
A 걱정 마. 내가 도와줄게.
B 고마워. 넌 정말 친절한 친구야.

Step 3 Exercise 연습 문제

1 너는 정말 특별한 친구야. (special)

_____

2 너는 정말 고약한 거짓말쟁이야. (naughty liar)

_____

Answer 1. You are such a special friend. 2. You are such a naughty liar.

Pattern 03 You are very …

너는 매우 …이다

'너무 …하다'는 의미로 You are so … 또는 You are such a …와 의미상의 큰 차이는 없다. 동일하거나 비슷한 의미의 표현을 다양한 구문으로 나타내는 연습을 통해 표현력을 증가시킬 수 있다.

Step 1 Basic Pattern 기초 패턴

You are very 당신은 매우

familiar. 낯이 익습니다.
talented. 재능이 있습니다.
attractive. 매력적입니다.
intelligent. 지적입니다.
rude. 무례하군요.

Step 2 Situation Dialog 상황 대화

A Have you decided to invest in the business?
B No, I haven't. I am still considering whether it is profitable.
A I know you are very cautious, but it is a good investment opportunity.
B You may be right, but I don't want to make any hasty decisions.

* profitable 수익성이 있는 / cautious 신중한 / hasty 성급한

A 그 사업에 투자하기로 결정했어?
B 아니, 하지 않았어. 그 사업이 수익성이 있을지 아직 고려 중이야.
A 네가 매우 신중한 것은 알아, 하지만 그것은 좋은 투자 기회야.
B 네 말이 맞을 수도 있어, 하지만 나는 성급한 결정은 내리고 싶지 않아.

Step 3 Exercise 연습 문제

1 당신은 매우 용감하군요. (brave)

_____

2 당신은 매우 웅변적이군요. (eloquent)

_____

Answer 1. You are very brave. 2. You are very eloquent.

Pattern 04 You are always ...
너는 언제나 …하다

'항상 또는 언제나 …하다'라는 의미로 always 다음에 형용사나 현재분사를 연결시켜 표현한다.

Step 1 Basic Pattern 기초 패턴

You are always
너는 언제나

happy.
즐겁군.
helpful.
도움이 돼.
welcome.
환영이야.
thoughtful.
사려 깊어.
complaining.
불평이구나.

*thoughtful 사려깊은

Step 2 Situation Dialog 상황 대화

A I am having a party this Friday. Will you come?
B Thank you but I can't. I work part time at a convenience store on Friday.
A You are always busy and work too hard. Sometimes you need to take a break.
B I wish I could.

A 이번 금요일 파티를 열려고 해. 너도 올래?
B 고맙지만 갈 수가 없어. 금요일 편의점에서 아르바이트를 해.
A 너는 항상 바쁘고 일을 너무 많이 해. 가끔씩 쉴 필요가 있어.
B 나도 그랬으면 좋겠어.

Step 3 Exercise 연습 문제

1 너는 언제나 설득력이 있어. (persuasive)

_____

2 너는 항상 남의 흠을 찾으려고 해. (find faults with others)

_____

Answer 1. You are always persuasive. 2. You are always finding faults with others.

Pattern 05 You look ...

너는 …처럼 보인다

'…처럼 보인다'는 의미로 You look … 또는 You look like … 구문을 사용할 수 있다. look 다음에는 형용사가 오며 look like 다음에는 명사나 절을 연결시킨다. You look happy. / You look like you are happy.

Step 1 Basic Pattern 기초 패턴

You look
당신은 … 보입니다

tired.
피곤해
like you are tired.
피곤한 것처럼
young for your age.
나이보다 어려
like you haven't slept a wink.
한숨도 못 잔 것처럼
like you are in a good mood today.
오늘 기분이 좋아

* 세번째 문장은 You look younger than your age.로 표현할 수도 있다.

Step 2 Situation Dialog 상황 대화

A You look exhausted.
B I couldn't sleep at all last night.
A What has happened?
B The people next door had a big party making noise all night.

A 피곤해 보이네.
B 어젯밤 잠을 전혀 자지 못했어.
A 무슨 일이 있었는데?
B 옆집 사람들이 요란한 파티를 열고 밤새도록 시끄러운 소리를 냈거든.

Step 3 Exercise 연습 문제

1 너는 오늘 달라 보여. / 너는 오늘 다른 사람처럼 보여. (different / a different person)

_____

2 당신은 어머니를 많이 닮았군요. (a lot)

_____

Answer
1. You look different today. / You look like a different person today.
2. You look a lot like your mother.

Pattern 06 You don't look ...
너는 …처럼 보이지 않는다

'…처럼 보이지 않는다'는 표현이다. You look ... 구문과 마찬가지로 look 또는 look like 구문을 사용할 수 있다.

Step 1 Basic Pattern 기초 패턴

You don't look
당신은 … 보이지 않습니다

nervous.
긴장하는 것으로
very excited.
별로 즐거워
very happy today.
오늘 별로 행복해
like a policeman.
경찰관처럼
like your mother at all.
진혀 당신의 이미니를 닮은 것처럼

Step 2 Situation Dialog 상황 대화

A You don't look very well, today. Are you OK?
B I have a headache and fever.
A I think you have a bad cold. Why don't you see a doctor?
B No need. I will be alright if I get some rest.

A 오늘 별로 좋아 보이지 않는군. 괜찮아?
B 머리가 아프고 열이 있어.
A 독감에 걸린 것 같은데. 병원에 가는 게 어때?
B 그럴 필요는 없어. 좀 쉬고 나면 괜찮아질 거야.

Step 3 Exercise 연습 문제

1 너는 오늘은 별로 바빠 보이지 않는군. (busy)

_____

2 너는 오랫동안 앓고 있었던 것으로 보이지 않아. (have been ill)

_____

Answer 1. You don't look very busy today. 2. You don't look like you have been ill for a long time.

Review Exercise

A. 단어의 맞는 뜻을 찾아 연결하시오.

1. hasty
2. naive
3. cautious
4. profitable
5. courageous

ⓐ 신중한
ⓑ 용감한
ⓒ 성급한
ⓓ 순진한
ⓔ 수익성이 있는

B. 문맥에 알맞은 어구를 찾아 문장을 완성하시오.

1. 너는 너무 순진해.
   You are _____.
2. 당신은 매우 지적입니다.
   You are _____.
3. 너는 항상 사려 깊어.
   You are _____.
4. 당신은 정말 멋진 여성입니다.
   You are _____.
5. 너는 한숨도 자지 못한 것처럼 보여.
   You _____ you haven't slept a wink.

ⓐ very intelligent
ⓑ always thoughtful
ⓒ so innocent
ⓓ look like
ⓔ such an amazing woman

C. Speaking Exercise 다음 문장을 영어로 표현하시오.

1. 너는 항상 매우 활기가 넘치는구나. (full of energy)

2. 너는 거짓말에는 정말 서툴러.

3. 당신은 매우 관대하시군요. (generous)

4. 당신은 항상 내게 특별하고 소중한 사람입니다.

5. 당신은 검은 정장을 입으니 잘 어울리는군요. (great with)

6. 네가 이기고 있어, 그런데 그렇게 열광적으로 보이지 않는군. (enthusiastic)

Unit 14

일정 및 예정
You are going to ...
/ You are supposed to ...
/ You are not allowed to ...

Preview

1. 당신은 그것을 좋아하게 될 것입니다.   You are going to like it.
2. 당신은 이것을 믿지 못할 것이다.   You are not going to believe this.
3. 여기서는 조용히 해야 합니다.   You are supposed to be quite here.
4. 당신은 오늘 아침 내게 전화를 했어야 합니다.   You were supposed to call me this morning.
5. 당신은 이곳에서 수영을 해서는 안 됩니다.   You are not supposed to swim here.
6. 당신은 그 파일을 여는 것이 허락되지 않아요.   You are not allowed to open the file.

Preview Exercise

ⓐ are supposed to   ⓑ are not allowed   ⓒ were supposed to   ⓓ are going to   ⓔ are not going to

1. 당신은 곤란을 겪게 될 것입니다.   You _____ be in trouble.
2. 당신은 이것을 후회하지 않을 것입니다.   You _____ regret this.
3. 당신은 거기 가서는 안 됩니다.   You _____ go there.
4. 당신은 이곳에 6시까지 와야 합니다.   You _____ be here by six.
5. 당신은 한 시간 전에 이곳에 도착했어야 합니다.   You _____ be here an hour ago.

1. ⓓ 2. ⓔ 3. ⓑ 4. ⓐ 5. ⓒ

Pattern 01 You are going to …
너는 …할 것이다

미래를 나타내는 표현으로, will이 막연한 미래의 일을 표현한다면 be going to …는 이미 결정된 사항이거나 또는 반드시 일어날 것이라는 의미가 포함된다.

Step 1 Basic Pattern 기초 패턴

You are going to
당신은 … 될 것입니다

like it.
그것을 좋아하게
be in trouble.
곤란을 겪게
need my help.
나의 도움이 필요하게
find some solution.
해결책을 찾게
be a good musician.
훌륭한 음악가가

* in trouble 난처한, 곤경에 처한 / solution 해결, 해답

Step 2 Situation Dialog 상황 대화

A I'd like to invest in stocks.
B Which companies are you investing in?
A I have a few venture enterprises in mind.
B You have to be careful, or you are going to lose all your money.

A 나는 주식 투자를 하려고 해.
B 어떤 회사에 투자하려는데?
A 몇 가지 벤처 기업을 생각하고 있어.
B 신중해야 해, 그렇지 않으면 투자한 돈을 모두 잃게 될 거야.

Step 3 Exercise 연습 문제

1 당신은 머지않아 당신의 결정을 후회하게 될 것입니다. (regret your decision)

___

2 그에게 곧 소식을 듣게 될 것입니다. (hear from him)

___

Answer 1. You are going to regret your decision before long. 2. You are going to hear from him soon.

Pattern 02 You are not going to …

너는 …하지 않을 것이다

You are going to …의 부정 표현이다. 그러므로 막연한 미래가 아닌 화자의 자신이나 확신이 포함된 표현이다.

Step 1 Basic Pattern 기초 패턴

You are not going to
당신은 … 않을 것입니다

regret this.
이것을 후회하지
believe this.
이것을 믿지
need it anymore.
그것이 더 이상 필요하지
find solutions in this way.
이 방법으로는 해결책을 찾지 (못할)
get an objective answer from him.
그에게 객관적인 답변을 얻지 (못할)

* regret 후회하다 / objective 객관적인

Step 2 Situation Dialog 상황 대화

A How is your team project going?
B It is taking longer than we thought. I am afraid we need some more staff.
A We are currently understaffed. Therefore, you are not going to have any supplementary workers.

* understaffed 인원이 부족한 / supplementary 보충의, 추가의

A 팀 프로젝트는 어떻게 진행되고 있나요?
B 우리가 예상했던 것보다 시간이 더 걸리는군요. 직원이 좀 더 필요할 것 같아요.
A 우리는 현재 인원이 부족합니다. 그래서 당신은 보충 인력을 지원받지 못할 것입니다.

Step 3 Exercise 연습 문제

1 당신은 그에게 더 이상 소식을 듣지 못할 것입니다. (hear from)

　

2 당신은 여기서 그 질문들에 대한 해답을 얻지 못할 것입니다. (get answers to)

　

Answer
1. You are not going to hear from him anymore.
2. You are not going to get answers to those questions here.

Pattern 03 You are supposed to ...
너는 …하기로 되어 있다

'…하기로 되어 있다' 또는 '…해야 한다'라는 의미로 규칙이나 주의 사항을 환기시키거나 강조할 때 자주 사용되는 표현이다.

Step 1 Basic Pattern 기초 패턴

You are supposed to
당신은 … 합니다

be quite here.
조용히 해야

be here by six.
이곳에 6시까지 와야

finish the work by today.
그 일을 오늘까지 끝내야

hand in the report by Friday.
그 보고서를 금요일까지 제출해야

wear formal suits at the meeting.
그 회의에서 정장을 착용해야

Step 2 Situation Dialog 상황 대화

A Are you going to the conference next week?
B Yes, I am. We can go together, then.
A That's great. Do you know what its dress code is?
B You are supposed to wear business formal all the time.

* business formal 비즈니스 장소에서 입는 정장

A 다음 주 컨퍼런스에 참석합니까?
B 네, 참석합니다. 우리 함께 갈 수 있겠군요.
A 잘됐군요. 복장 규정이 무엇인지 알고 있나요?
B 컨퍼런스 동안 언제나 정장을 입어야 합니다.

Step 3 Exercise 연습 문제

1. 당신은 매일 오전 9시까지 출근해야 합니다. (be at work)

___

2. 당신은 컴퓨터 프로그래밍 분야의 전문가여야 합니다. (be an expert in)

___

Answer
1. You are supposed to be at work by 9 A.M. every day.
2. You are supposed to be an expert in computer programming.

Pattern 04 You were supposed to …

너는 …하기로 되어 있었다

'…하기로 되어 있었다' 또는 '…했어야 했다'의 의미이다. 과거에 예정되었던 일이나 의무가 이행하지 않았음을 책망하거나 유감을 나타낼 때 사용되는 구문이다.

Step 1 Basic Pattern 기초 패턴

You were supposed to
당신은 … 했습니다

call me this morning.
오늘 아침 내게 전화를 했어야

be here an hour ago.
한 시간 전에 이곳에 도착했어야

be there by 5 P.M. today.
오늘 오후 5시까지 그곳에 갔어야

attend the meeting yesterday.
어제 그 회의에 참석했어야

take the medicine at bedtime.
잠자기 전에 약을 복용했어야

Step 2 Situation Dialog 상황 대화

A Have you done your assignment?
B No, I haven't finished it yet.
A You were supposed to have done it yesterday, weren't you?
B I know, but I couldn't work because I had a bad cold.

A 과제는 다했어?
B 아니, 아직 끝내지 못했어.
A 어제까지 다 끝내기로 되어 있지 않았어?
B 알아, 하지만 독감이 걸려서 일을 할 수가 없었어.

Step 3 Exercise 연습 문제

1 당신은 그녀에게 진실을 말했어야 했어요. (truth)

_____

2 당신은 지난주 보고서를 제출했어야 했어요. (submit the report)

_____

Answer 1. You were supposed to tell her the truth. 2. You were supposed to submit the report last week.

Pattern 05 You are not supposed to …

너는 …해서는 안 된다

'…하지 않아야 한다' 또는 '…해서는 안 된다'라는 의미로 금지를 나타내는 구문이다. must와 have to보다는 강도가 약한 표현이다.

Step 1 Basic Pattern 기초 패턴

You are not supposed to
당신은 … 안 됩니다

do that.
그것을 해서는

swim here.
이곳에서 수영을 해서는

wear a hat in the class.
수업 중에 모자를 써서는

listen to music too loud in a public place.
공공 장소에서 음악을 너무 크게 들어서는

feed pigeons in the park.
이 공원에서 비둘기들에게 먹이를 주어서는

* feed 먹이를 주다, 먹이다

Step 2 Situation Dialog 상황 대화

A You are not supposed to park here.
B Where should I park, then?
A Go straight and turn left at the first corner. You will see a sign for public parking lots.
B Thank you.

A 여기다 주차를 하시면 안 됩니다.
B 그렇다면, 어디에 주차를 해야 하나요?
A 똑바로 가서 첫 코너에서 좌회전하세요. 공공주차장 팻말이 보일 것입니다.
B 고마워요.

Step 3 Exercise 연습 문제

1 도서관에서 소리를 내면 안 됩니다. (make a noise)

_____

2 지진이 일어났을 때, 엘리베이터를 이용하면 안 됩니다. (an earthquake occurs)

_____

Answer
1. You are not supposed to make a noise in the library.
2. You are not supposed to use the elevator when an earthquake occurs.

Pattern 06 You are not allowed to ...
너는 …해서는 안 된다

'허락하다'라는 의미의 allow가 사용되었으므로, 직역을 하면 '…하는 것이 허락되지 않는다' 즉 '…해서는 안 된다'는 의미를 나타낸다. 주로 규칙이나 규정에 위배되었을 때 주의를 주기 위해 사용되는 표현이다.

Step 1 Basic Pattern 기초 패턴

You are not allowed to
당신은 … 안 됩니다

go there.
그곳에 가서는
open the file.
그 파일을 열어서는
view this record.
이 기록을 봐서는
smoke in the building.
이 건물에서 담배를 피워서는
take pictures in the chapel.
이 예배당에서 사진을 찍어서는

* chapel 예배실, 예배당

Step 2 Situation Dialog 상황 대화

A I can't access this file.
B You are not allowed to access the document until you get the password.
A How can I get them?
B You have to apply to the administration office for your ID and password.

A 이 파일에 접근할 수가 없어.
B 네가 비밀번호를 받기 전에는 그 서류에 접근이 허락되지 않아.
A 비밀번호는 어디서 받을 수 있어?
B 행정실에 너의 아이디와 비밀번호를 신청해야 해.

Step 3 Exercise 연습 문제

1 당신은 그 주제에 관해 논의하는 것이 허락되지 않습니다. (subject)

_____

2 당신은 이곳에서 음식과 음료를 섭취해서는 안 됩니다. (consume food and drink)

_____

Answer
1. You are not allowed to talk about the subject.
2. You are not allowed to consume food and drink here.

Review Exercise

A. 단어의 맞는 뜻을 찾아 연결하시오.

1. feed
2. regret
3. objective
4. understaffed
5. supplementary

ⓐ 후회하다
ⓑ 객관적인
ⓒ 먹이를 주다
ⓓ 보충의, 추가의
ⓔ 인원이 부족한

B. 문제에 알맞은 어구를 찾아 문장을 완성하시오.

1. 당신은 훌륭한 음악가가 될 것입니다.
   You _____ be a good musician.
2. 당신은 그 일을 오늘까지 끝내기로 되어 있습니다.
   You _____ the work by today.
3. 당신은 어제 그 회의에 참석했어야 합니다.
   You _____ attend the meeting yesterday.
4. 당신은 이 공원에서 비둘기들에게 먹이를 주어서는 안 됩니다.
   You _____ feed pigeons in the park.
5. 당신은 그것이 더 이상 필요하지 않을 것입니다.
   You _____ need it anymore.

ⓐ are not supposed to
ⓑ are not going to
ⓒ were supposed to
ⓓ are going to
ⓔ are supposed to

C. Speaking Exercise 다음 문장을 영어로 표현하시오.

1. 당신은 그 시합에 참가하게 될 것입니다. (take part in)

2. 당신은 더 이상 나의 도움이 필요하지 않을 것입니다.

3. 당신은 오늘 오후 공항으로 그들을 마중나가야 합니다.

4. 당신은 오늘 아침 공항으로 그들을 마중나갔어야 했어요.

5. 이 호수에서는 수영을 해서는 안 됩니다. (are not supposed to)

6. 허가 없이 VIP룸에 들어가는 것이 허용되지 않습니다.

Unit 15

의무 1 (강제성)
You should ... / You must ...

Preview

1. 너는 일찍 출발해야 해. You should leave early.
2. 술을 지나치게 많이 마셔서는 안 됩니다. You should not drink too much.
3. 너는 의사의 진찰을 받았어야 했어. You should have seen a doctor.
4. 너는 그를 믿지 않았어야 했어. You should not have trusted him.
5. 리포트를 제시간에 제출해야 합니다. You must hand in your report on time.
6. 그런 일을 해서는 안 됩니다. You must not do such a thing.

Preview Exercise

ⓐ must not park ⓑ must read ⓒ should not waste ⓓ should obey ⓔ should have called

1. 너는 규칙을 따라야 해. You _____ the rules.
2. 너는 내게 전화를 했어야 했어. You _____ me.
3. 시간을 낭비하지 않는 것이 좋습니다. You _____ your time.
4. 수업 전에 교재를 반드시 읽어야 합니다. You _____ the text before class.
5. 황색 라인에 주차해서는 안 됩니다. You _____ on yellow lines.

1.ⓓ 2.ⓔ 3.ⓒ 4.ⓑ 5.ⓐ

Pattern 01 You should ...
너는 …해야 한다

'…해야 한다' 또는 '…하는 것이 좋다'는 의미로 조언이나 권유 또는 당위성을 나타내기 위해 사용되는 구문이다.

Step 1 Basic Pattern 기초 패턴

You should / 당신은 … 합니다

- **leave early.** 일찍 출발해야
- **obey the rules.** 규칙을 따라야
- **be more careful.** 좀 더 조심해야
- **bring an umbrella.** 우산을 가져와야
- **do regular exercise.** 규칙적인 운동을 해야

* obey 따르다 / regular 규칙적인

Step 2 Situation Dialog 상황 대화

A You look tired today.
B I worked late last night.
A I think you should take some rest.
B I wish I could, but I still have lots of work to do.

A 오늘 피곤해 보여.
B 어젯밤 늦게까지 일했거든.
A 휴식을 좀 취해야 할 것 같은데.
B 그랬으면 좋겠지만, 아직 해야 할 일이 많이 있어.

Step 3 Exercise 연습 문제

1 당신은 그 일을 즉시 시작해야 합니다. (immediately)

_____

2 당신은 그 프로젝트에 더 많은 시간을 할애해야 합니다. (spend more time on)

_____

Answer 1. You should start the work immediately. 2. You should spend more time on the project.

Pattern 02 You should not …

너는 …해서는 안 된다

'…해서는 안 된다' 또는 '…하지 않는 것이 좋겠다'는 의미로, 강요하거나 강제성을 띤다기보다는 권고나 권유의 의미를 갖는다.

Step 1 Basic Pattern 기초 패턴

You should not
당신은 … 안 됩니다

tell a lie.
거짓말을 해서는
drink too much.
술을 지나치게 많이 마셔서는
waste your time.
시간을 낭비해서는
exercise too much.
운동을 지나치게 많이 해서는
play computer games too long.
컴퓨터 게임을 너무 오래 해서는

Step 2 Situation Dialog 상황 대화

A I don't like him.
B Why?
A He is too tall and thin.
B You should not judge people by how they look. I think he is smart and gentle.

* judge 판단하다

A 나는 그가 싫어.
B 왜?
A 그는 키가 너무 크고 말랐어.
B 사람을 외모로 판단하지 않은 것이 좋아. 나는 그가 영리하고 점잖다고 생각해.

Step 3 Exercise 연습 문제

1 그를 혼자 내버려두어서는 안 됩니다. (leave him alone)

_____

2 다른 사람을 등 뒤에서 욕해서는 안 됩니다. (speak ill of / behind their backs)

_____

Answer 1. You should not leave him alone. 2. You should not speak ill of others behind their backs.

Pattern 03 You should have …

너는 …했어야 했다

You should have 다음에 과거분사가 온다. 가정법 과거완료 구문으로 과거의 행위에 대한 반대 가정이다. …했어야 했다, 즉 사실은 …하지 않았다는 의미이다.

Step 1 Basic Pattern 기초 패턴

You should have 당신은 … 했어요

called me.
내게 전화를 했어야

seen a doctor.
의사의 진찰을 받았어야

waited at home.
집에서 기다렸어야

applied for the job.
그 일에 지원을 했어야

listened to what she said.
그녀가 했던 말에 귀를 기울였어야

Step 2 Situation Dialog 상황 대화

A I broke the vase on the table.
B You should have been more careful.
A I will buy you the same one.
B Forget about it. I bought it at a flea market.

*flea market 벼룩시장

A 테이블의 꽃병을 깨트렸어.
B 좀 더 주의하지 그랬어.
A 똑같은 것으로 사줄게.
B 잊어버려. 벼룩시장에서 산 거야.

Step 3 Exercise 연습 문제

1 너는 우산을 가져왔어야 했어. (bring an umbrella)

_____

2 너는 그녀에게 초대장을 보냈어야 했어. (send an invitation)

_____

Answer 1. You should have brought an umbrella. 2. You should have sent her an invitation.

Pattern 04 You should not have …

너는 …하지 않았어야 했다

You should have …의 부정 구문이다. 과거에 행해진 행위에 대해 유감을 표시할 때 사용하는 표현이다.

Step 1 Basic Pattern 기초 패턴

You should not have
당신은 … 않았어야 했어요

- **met her.**
  그녀를 만나지
- **trusted him.**
  그를 믿지
- **told her the story.**
  그녀에게 그 이야기를 하지
- **brought him here.**
  그를 이곳에 데려오지
- **stayed up too late last night.**
  어젯밤 너무 늦게까지 깨어 있지

Step 2 Situation Dialog 상황 대화

A I've got a stomach ache.
B It's not surprising. I thought you were eating too much.
A But I was hungry.
B You are always hungry. You should not have eaten the last piece of cake.

A 배가 아파.
B 놀랄 일은 아니야. 네가 너무 많이 먹는다고 생각했어.
A 하지만 배가 고팠어.
B 넌 항상 배가 고프지. 너 케이크 마지막 조각은 먹는 게 아니었어.

Step 3 Exercise 연습 문제

1 너는 어제 그를 방문하지 않았어야 했어. (visit)

_____

2 너는 어젯밤 너무 일찍 떠나지 않았어야 했어. (leave too early)

_____

Answer 1. You should not have visited him yesterday. 2. You should not have left too early last night.

Pattern 05 You must …

너는 …해야 한다

의무, 필요성, 또는 중요성을 강조하는 구문으로 '반드시 …해야 한다' 또는 '…임에 틀림이 없다'는 의미를 나타낸다.

Step 1 Basic Pattern 기초 패턴

You must
당신은 … 합니다

read the text before class.
수업 전에 교재를 반드시 읽어야

hand in your report on time.
리포트를 제시간에 제출해야

wear a seatbelt while driving.
운전할 때는 안전벨트를 착용해야

make reservations beforehand.
미리 예약을 해야

use this coupon by the end of the month.
이 쿠폰은 이달 말까지 사용해야

* wear a seatbelt 안전 벨트를 착용하다

Step 2 Situation Dialog 상황 대화

A Have you finished the report?
B Not yet. When is it due?
A It must be handed in by Friday.

* hand in 제출하다

A 보고서를 끝냈나요?
B 아직 못 했습니다. 마감일이 언제인가요?
A 금요일까지 제출되어야 합니다.

Step 3 Exercise 연습 문제

1 며칠 더 병원에 입원해 있어야 합니다. (stay in hospital)

2 장치를 설치하기 전에 매뉴얼을 주의 깊게 읽어야 합니다. (read the manual / install the device)

Answer
1. You must stay in hospital for a few more days.
2. You must read the manual carefully before installing the device.

Pattern 06 You must not ...
너는 …해서는 안 된다

'…해서는 안 된다'는 의미로 강한 금지를 나타내는 표현이다. 주로 어겨서는 안 되는 규정이나 규율을 적용할 때 사용된다.

Step 1 Basic Pattern 기초 패턴

You must not
당신은 … 안 됩니다

talk like that.
그렇게 말해선

do such a thing.
그런 일을 해서는

park on yellow lines.
황색 라인에 주차를 해서는

drink if you are going to drive.
운전을 할 것이라면 술을 마셔서는

carry a lot of cash when travelling.
여행을 할 때 많은 현금을 소지해서는

* Yellow line 황색선(특정 시간에 잠시 주차가 가능한 지역 표시선)

Step 2 Situation Dialog 상황 대화

A Why don't you slow down a bit?
B I am just driving at 40 miles per hour.
A The speed limit on this road is 30 miles. You must not exceed it.

* Speed limit 제한속도 / exceed 초과하다

A 속도를 좀 늦추지 그래.
B 시속 40마일밖에 되지 않아.
A 이 도로의 제한속도는 시속 30마일이야. 그것을 초과해서는 안 돼.

Step 3 Exercise 연습 문제

1 포커를 할 때 당신의 카드를 보여주어서는 안 됩니다. (in poker)

_____

2 신호등 불빛이 빨간색일 때 길을 건너서는 안 됩니다. (when you see / a red traffic light)

_____

Answer 1. You must not show your cards in poker.
2. You must not cross the street, when you see a red traffic light.

Review Exercise

A. 단어의 맞는 뜻을 찾아 연결하시오.

1. obey
2. judge
3. regular
4. exceed
5. hand in

ⓐ 판단하다
ⓑ 따르다
ⓒ 제출하다
ⓓ 규칙적인
ⓔ 초과하다

B. 다음 문맥에 알맞은 어구를 찾아 문장을 완성하시오.

1. 운전할 때는 안전벨트를 착용해야 한다.
   You must _____ while driving.
2. 운전을 할 것이라면 술을 마셔서는 안 된다.
   You must not drink if you are _____.
3. 컴퓨터 게임을 너무 오래 하지 않는 것이 좋다.
   You should not _____ too long.
4. 너는 그녀가 했던 말에 귀를 기울였어야 했다.
   You should have _____ she said.
5. 너는 그녀에게 그 이야기를 하지 않았어야 했다.
   You should not _____ the story.

ⓐ going to drive
ⓑ have told her
ⓒ wear a seatbelt
ⓓ listened to what
ⓔ play computer games

C. Speaking Exercise 다음 문장을 영어로 표현하시오.

1. 당신은 정오 전에 공항에 도착해야 합니다. (should)

2. 당신은 오후 6시 이후에는 커피를 마셔서는 안 됩니다. (should not)

3. 너는 길을 건널 때 좀 더 주의했어야 했다. (cross the street)

4. 너는 폭우가 올 때 외출하지 않았어야 했다.

5. 안전 규정을 준수해야 합니다. (must comply with)

6. 도로에 정해진 최고 속도를 초과해서는 안 된다. (the maximum speed limit / set for the road)

Unit 16

의무 2 (필요 또는 당위성)
You have to ... / You need to ...

Preview

1. 너는 나를 믿어야 해.　　　　　　　You have to believe me.
2. 너는 그를 다시 방문해야 될 거야.　　You will have to visit him again.
3. 아무 말도 할 필요가 없어.　　　　　You don't have to say anything.
4. 지금 당장 출발하는 게 좋겠어.　　　You had better start right now.
5. 너는 잠을 충분히 자야겠어.　　　　You need to get enough sleep.
6. 너는 여기 올 필요가 없어.　　　　　You don't need to be here.

Preview Exercise

ⓐ have to　ⓑ need to　ⓒ will have to　ⓓ don't need to　ⓔ had better

1. 서두를 필요는 없어.　　　　　　　You _____ hurry.
2. 너는 나와 함께 가야 해.　　　　　　You _____ come with us.
3. 과식하지 않는 게 좋겠어.　　　　　You _____ not overeat.
4. 너는 대가를 치러야 할 거야.　　　　You _____ pay for this.
5. 너는 그에게 직접 말할 필요가 있어.　You _____ talk to him directly.

1.ⓓ 2.ⓐ 3.ⓔ 4.ⓒ 5.ⓑ

Pattern 01 You have to …

너는 …해야 한다

의무를 나타내는 구문으로 must와 비슷한 의미이다. 종종 의미의 차이 없이 사용되지만, 엄밀한 의미에서 have to는 must보다 규율이나 당위성을 더 강조하는 표현이다(rule or authority).

Step 1 Basic Pattern 기초 패턴

You have to
당신은 … 합니다

believe me.
나를 믿어야

come with us.
나와 함께 가야

come back by 9 P.M.
9시까지는 돌아와야

transfer trains at the next stop.
다음 정류소에서 기차를 갈아 타야

apply for the volunteers program.
그 자원봉사 프로그램에 지원해야

transfer 갈아타다 / volunteer 자원봉사자

Step 2 Situation Dialog 상황 대화

A Are you going to the celebration party tomorrow?
B Yes, I am but I am not sure if there is any dress code for the party.
A You have to wear formal suits.

celebration 축하 / dress code 복장 규정 / formal suits 정장

A 내일 축하 파티에 참석할 거니?
B 응, 참석할 거야. 하지만 파티 복장 규정이 있는지 잘 모르겠어.
A 정장을 입어야 해.

Step 3 Exercise 연습 문제

1 여기서 그를 기다려야 합니다. (wait)

_____

2 당신은 약속을 연기해야 합니다. (appointment)

_____

Answer 1. You have to wait for him here. 2. You have to postpone your appointment.

Pattern 02 You will have to …

너는 …해야 할 것이다

You have to … 구문의 미래형으로 미래 시점에 발생하게 될 의무에 관한 표현이다. 논리적으로 if나 in case와 같은 가정 및 조건절과 연결되어 '만약 …하게 된다면 ~해야 할 것이다'는 의미를 표현할 때 사용할 수 있다.

Step 1 Basic Pattern 기초 패턴

You will have to
당신은 … 할 것입니다

pay for this.
대가를 치러야

visit him again.
그를 다시 방문해야

do it whether you like it or not.
좋아하건 말건 그것을 해야

pay the difference if there is any.
차액이 있다면 당신은 그것을 지불해야

find another job if your company goes under.
당신의 회사가 문을 닫는다면 다른 직업을 구해야

* pay the difference 차액을 지불하다 / go under 가라앉다, 파산하다

Step 2 Situation Dialog 상황 대화

A Have you joined the fitness gym?
B Not yet. I am thinking of doing it next month.
A You'd better hurry. No joining fee offer is valid until the end of the month. You will have to pay your joining fee next month.

* joining fee 입회비

A 헬스클럽에 가입했어?
B 아직 하지 않았어. 다음 달에 할까 생각 중이야.
A 서두르는 게 좋을 거야. 가입비 무료는 이달 말까지야. 다음 달에는 가입비를 지불해야 할 거야.

Step 3 Exercise 연습 문제

1 다음 주는 초과 근무를 해야 할 것입니다. (overtime)

_____

2 더 좋아지지 않는다면 병원에 입원해야 할 것입니다. (feel any better / go to hospital)

_____

Answer
1. You will have to do overtime next week.
2. You will have to go to hospital if you do not feel any better.

Pattern 03 You don't have to …

너는 …할 필요가 없다

You have to …는 You must …와 비슷한 뜻이지만, You don't have to …는 '…할 필요가 없다'는 의미로 You need not … 또는 You don't need to …와 같은 뜻이다.

Step 1 Basic Pattern 기초 패턴

You don't have to
당신은 … 필요가 없습니다

be perfect.
완벽해질

say anything.
아무 말도 할

listen to what they say.
그들이 하는 말에 귀를 기울일

be afraid of trying new things.
새로운 일을 시도하는 것을 두려워할

attend the event if you don't want to.
만약 원하지 않는다면 그 행사에 참석할

Step 2 Situation Dialog 상황 대화

A Are you going to accept his offer?
B Do I have to?
A You don't have to if you don't want to.

A 그의 제안을 받아들일 거야?
B 내가 그래야 해?
A 네가 원하지 않으면 그럴 필요는 없어.

Step 3 Exercise 연습 문제

1 네가 그녀를 걱정할 필요는 없어. (worry)

_____

2 네가 그를 두려워할 필요는 없어. (afraid)

_____

Answer 1. You don't have to worry about her. 2. You don't have to be afraid of him.

Pattern 04 You had better …
너는 …하는 것이 좋을 것이다

종종 You'd better …로 축약해서 사용한다. 우리말로는 '…하는 것이 좋다'로 해석하지만, 실제 의미는 should보다 강한 표현으로 '꼭 …해야 한다' 또는 '…하는 것이 바람직하다'로 이해해야 한다. 부정어 no 또는 not과 함께 '…하지 않는 것이 좋다'는 의미로도 사용된다.

Step 1 Basic Pattern 기초 패턴

You had better
당신은 … 것이 좋을 것입니다

not overeat.
과식하지 않는
start right now.
지금 당장 출발하는
take back what you said.
네가 한 말을 취소하는
go now if you don't want to miss the first train.
첫 기차를 놓치고 싶지 않다면 지금 가는
leave now before the traffic gets too bad.
교통이 혼잡해지기 전에 지금 출발하는

Step 2 Situation Dialog 상황 대화

A I think I should get going. Thanks for the dinner.
B It's raining heavily outside. You'd better wait until the rain stops.
A Thank you but it seems like the rain won't stop anytime soon.

* anytime soon 곧, 머지않아

A 이제 가야겠어. 저녁 식사 고마워.
B 밖에 비가 많이 오고 있어. 비가 멈출 때까지 기다리는 게 좋겠어.
A 고마워. 하지만 금방 멈출 비로 보이지는 않아.

Step 3 Exercise 연습 문제

1 너는 그곳에 혼자 가지 않는 것이 좋겠어. (go there)

___

2 너는 오늘은 일찍 잠자리에 드는 것이 좋겠어. (go to bed)

___

Answer 1. You had better not go there alone. 2. You had better go to bed early tonight.

Pattern 05: You need to ...

너는 …할 필요가 있다

'…할 필요가 있다' 또는 '…해야 하다'로 해석한다. 동사 need는 조동사 및 일반동사로 사용된다. 그러나 부정사 to와 함께 사용될 때는 일반동사로 간주한다.

Step 1 Basic Pattern 기초 패턴

You need to
당신은 … 필요가 있습니다

hurry.
서두를
get enough sleep.
잠을 충분히 잘
talk to him directly.
그에게 직접 말할
eat more vegetables.
야채를 더 많이 먹을
do more research into the matter.
그 문제에 관해 조사를 더 할

* research 조사하다

Step 2 Situation Dialog 상황 대화

A You look terrible! What happened?
B A passing car splashed muddy water on me.
A You look like a drowned rat. You need to take a shower.

* drowned 물에 빠진, 익사한

A 꼴이 엉망이야. 무슨 일이 일어난 거야?
B 지나가는 차에 진흙탕 물을 뒤집어썼어.
A 물에 빠진 생쥐 같아 보여. 샤워를 해야겠어.

Step 3 Exercise 연습 문제

1 너는 계획을 바꾸어야 할 필요가 있어. (your plan)

_____

2 겨울에는 몸을 따뜻하게 유지해야 할 필요가 있습니다. (keep your body warm)

_____

Answer 1. You need to change your plan. 2. You need to keep your body warm in winter.

142

Pattern 06 You don't need to ...

너는 …할 필요가 없다

'…할 필요가 없다'는 의미로, 근본적으로 You don't have to …와 의미의 차이는 없다.

Step 1　Basic Pattern　기초 패턴

You don't need to
당신은 … 필요가 없습니다

hurry.
서두를
be here.
여기 올
take medicine anymore.
더 이상 약을 먹을
feel sad about it.
그것에 관해 애석해할
take everything down.
모든 것을 다 받아 적을

Step 2　Situation Dialog　상황 대화

A Are you going to join the tennis club?
B I am interested in it, but have never played before.
A You don't need to be an expert. There are lots of beginners in the club.

A 테니스 클럽에 가입할 거니?
B 관심은 있는데, 하지만 한 번도 해본 적이 없어.
A 전문가일 필요는 없어. 클럽에는 초보자들도 많이 있거든.

Step 3　Exercise　연습 문제

1　너는 모든 것을 이해할 필요는 없어. (everything)

_____

2　그의 말을 심각하게 받아들일 필요는 없어. (take one's words seriously)

_____

Answer　1. You don't need to understand everything.　2. You don't need to take his words seriously.

Review Exercise

A. 단어의 맞는 뜻을 찾아 연결하시오.

1. transfer
2. research
3. go under
4. volunteer
5. celebration

ⓐ 축하
ⓑ 갈아타다
ⓒ 조사하다
ⓓ 자원 봉사자
ⓔ 파산하다

B. 문매에 알맞은 어구를 찾아 문장을 완성하시오.

1. 당신은 야채를 더 많이 먹어야 합니다.
    You _____ more vegetables.
2. 네가 한 말을 취소하는 게 좋을 거야.
    You _____ what you said.
3. 그들이 하는 말에 귀를 기울일 필요는 없어.
    You _____ what they say.
4. 당신은 다음 정류소에서 기차를 갈아타야 합니다.
    You _____ trains at the next stop.
5. 네가 좋아하든 아니든 그것을 해야 할 거야.
    You _____ it whether you like it or not.

ⓐ need to eat
ⓑ have to transfer
ⓒ will have to do
ⓓ had better take back
ⓔ don't have to listen to

C. Speaking Exercise 다음 문장을 영어로 표현하시오.

1. 그가 돌아올 때까지 여기서 기다려야 합니다. (have to)

2. 만약 숫자가 일치하지 않는다면 그 자료들을 다시 검토해야 할 것입니다. (go over / numbers match)

3. 너는 그 테스트 결과에 관해 걱정할 필요는 없어. (don't have to)

4. 당장 의사의 진찰을 받으러 가는 게 좋겠어. (at once)

5. 너는 옷에 대한 지출을 줄여야 할 필요가 있어. (need to)

6. 당신이 그의 불평에 귀를 기울일 필요는 없습니다. (don't need to)

Unit 17

필요 여부 및 허락
Do you ...? / Have you ...?

Preview

1. 내 말이 들리나요? — Do you hear me?
2. 내기할까요? — Do you want to bet?
3. 요리하는 것을 좋아하나요? — Do you like cooking?
4. 일찍 가도 될까요? — Do you mind if I leave early?
5. 점심 식사는 했나요? — Have you eaten lunch yet?
6. 암벽 등반을 해보았나요? — Have you tried rock climbing?

Preview Exercise

ⓐ like ⓑ mind ⓒ tried ⓓ heard ⓔ want

1. 그녀에게서 소식을 들었나요? — Have you _____ from her?
2. 그물 낚시를 해보았나요? — Have you _____ net fishing?
3. 뭐 좀 마시겠어요? — Do you _____ something to drink?
4. 공포영화를 좋아하나요? — Do you _____ horror movies?
5. 문을 닫아도 될까요? — Do you _____ if I close the door?

1. ⓓ 2. ⓒ 3. ⓔ 4. ⓐ 5. ⓑ

Pattern 01 Do you ...?

…하나요?

2인칭 의문문 중 가장 폭넓게 사용되는 구문이다. 조동사와 be동사를 제외한 모든 동사에 적용된다.

Step 1 Basic Pattern 기초 패턴

Do you 당신 …

hear me?
내 말이 들리나요?

have a pet?
애완동물을 기르나요?

feel like eating?
뭐 좀 드시고 싶으세요?

know where he is?
그가 어디 있는지 알고 있나요?

understand what I am saying?
내가 무슨 말을 하는지 이해하나요?

* pet 애완 동물

Step 2 Situation Dialog 상황 대화

A Do you know who he is?
B Whom do you mean?
A That tall and handsome guy who is talking with Jennifer.
B No, I don't. I haven't seen him before.

A 저 사람 누군지 알아?
B 누구 말인데?
A 제니퍼와 이야기하고 있는 키 크고 잘생긴 남자 말이야.
B 아니야, 몰라. 전에는 본 적이 없어.

Step 3 Exercise 연습 문제

1 더 좋은 아이디어가 있어요? (idea)

_____

2 그녀로부터 자주 소식을 듣고 있나요? (hear)

_____

Answer 1. Do you have a better idea? 2. Do you often hear from her?

146

Do you want ...? …을 원하나요?
Do you need ...? …이 필요한가요?

원하는 것 또는 필요한 것이 무엇인지 묻는 질문이다. 목적어로 명사나 부정사를 사용할 수 있다.

Step 1 Basic Pattern 기초 패턴

Do you want … 싶나요?
- **to bet?** 내기하고
- **something to drink?** 뭐 좀 마시고
- **to come along?** 같이 가고

Do you need … 필요한가요?
- **any help?** 도움이
- **more time?** 시간이 더

* bet 내기, 돈을 걸다 / come along 함께 가다

Step 2 Situation Dialog 상황 대화

A I have to leave now.
B Do you need a lift?
A No, thank you. I have called a taxi.

A 이제 가야겠어요.
B 태워드릴까요?
A 괜찮습니다. 택시를 불렀습니다.

* lift (차 등을) 태워주기

Step 3 Exercise 연습 문제

1 누가 옳은지 내기할까요? (bet on)
   _____

2 공항까지 태워드릴까요? (airport)
   _____

Answer 1. Do you want to bet on who is right? 2. Do you need a lift to the airport?

Pattern 03 Do you like ...?

…을 좋아하나요?

기호 또는 취미를 묻는 질문이다. 목적어로는 동사, 동명사, 또는 to부정사 모두 사용할 수 있다.

Step 1 Basic Pattern 기초 패턴

Do you like … 좋아하나요?

- **cats?** 고양이를
- **cooking?** 요리하는 것을
- **horror movies?** 공포영화를
- **riding a bike?** 자전거 타는 것을
- **to talk about politics?** 정치에 관해 이야기하는 것을

* politics 정치
* like to ~ vs like -ing: 엄밀한 의미에서 like to ~는 특정한 경우를 그리고 like -ing는 일반적인 경우를 표현할 때 사용한다. 그러나 대화에서는 종종 큰 차이 없이 사용하기도 한다.
I like playing tennis. 나는 테니스 치는 것을 좋아한다. (일반적 상황)
I like to play tennis this weekend. 나는 이번 주말에 테니스를 치고싶다. (특정 상황)

Step 2 Situation Dialog 상황 대화

A What shall we eat?
B Do you like eating Chinese food? I know a place recently opened in downtown, but I've never been there yet.
A Maybe we should give it a try.

A 뭐 먹을까?
B 중국 음식 좋아해? 최근에 시내에서 개업한 곳을 아는데, 아직 가보지는 못했어.
A 그렇다면 한번 가보자.

Step 3 Exercise 연습 문제

1 당신은 랩 음악을 좋아하나요? (rap music)

_____

2 당신은 공상 과학 소설을 좋아하나요? (science fiction)

_____

Answer 1. Do you like rap music? 2. Do you like science fiction?

Pattern 04 Do you mind if ...?
…해도 될까요?

상대방의 허락을 구하는 표현이다. 허락할 때는 No, 허락하지 않을 때는 Yes로 대답한다는 점에 주의한다.
Do you mind opening the window? 창문을 열어도 될까요?
No, not at all. 네, 괜찮습니다.

Step 1 Basic Pattern 기초 패턴

Do you mind if … 될까요?

I leave early?
일찍 가도

I close the door?
문을 닫아도

I use your phone?
전화기를 사용해도

I invite her to dinner?
그녀를 저녁 식사에 초대해도

I ask you a few questions?
몇 가지 질문을 해도

Step 2 Situation Dialog 상황 대화

A Do you mind if I turn off the TV?
B Wait for a few minutes. This is my favorite program.
A Is there any program which is not your favorite?

*favorite 마음에 드는, 좋아하는

A TV 꺼도 괜찮겠지?
B 잠깐만 기다려. 내가 좋아하는 프로그램이야.
A 네가 좋아하지 않는 프로그램이 있어?

Step 3 Exercise 연습 문제

1 같이 가도 괜찮을까요? (go 또는 tag)

___

2 옆에 앉아도 괜찮을까요? (next to)

___

Answer 1. Do you mind if I tag along? / Do you mind if I go with you? 2. Do you mind if I sit next to you?

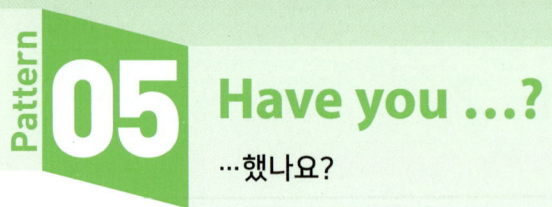

Pattern 05 Have you …?
…했나요?

⟨have + pp⟩ 완료형 구문으로 어떤 동작이 완료되었는지 묻는 질문이다.

Step 1 Basic Pattern 기초 패턴

Have you
… 마쳤나요?

- **eaten lunch yet?**
  점심 식사는
- **finished the report?**
  보고서 완성을
- **heard from her?**
  그녀에게서 소식 듣기를
- **bought your airline tickets?**
  항공권 구입을
- **decided on your major?**
  전공 선택을

* major 전공

Step 2 Situation Dialog 상황 대화

A Have you heard the news about Richard?
B No, has anything happened to him?
A He is moving to Washington next month.

A 리차드에 관한 소식 들었어?
B 아니, 그에게 무슨 일이 일어났어?
A 다음 달 워싱턴으로 이사한다는군.

Step 3 Exercise 연습 문제

1 은행에 다녀왔나요? (bank)

___

2 그 책은 다 읽었나요? (read)

___

Answer   1. Have you been to the bank yet? 2. Have you finished reading the book?

Pattern 06 Have you tried …?

…을 (시도)해본 적이 있나요?

어떤 일이나 행위를 시도해본 적이 있는지 묻는 질문이다. 부정사 to …와 동명사 –ing를 사용했을 때의 의미의 차이에 주의한다.

Step 1 Basic Pattern   기초 패턴

Have you tried
… (시도해)본 적이 있나요?

raw fish?
생선회를 먹어
net fishing?
그물 낚시를
rock climbing?
암벽 등반을
windsurfing before?
과거에 윈드서핑을
the new Italian restaurant?
새로 개업한 이태리 식당에 가

* raw 익히지 않은, 날것의 / net fishing 그물 낚시 / rock climbing 암벽 등반
* 참고 try to … vs try –ing
try to … (…하려고 노력하다): 어떤 일을 이루기 위해 노력한다는 의미로 사용된다.
try –ing (시험 삼아 …하다): 무엇인지 또는 어떤 것인지 알기 위해 시험삼아 시도해보는 것을 의미한다.

Step 2 Situation Dialog   상황 대화

A Have you tried the chocolate cake? It tastes pretty good.
B No, thank you. I am on diet.
A I have never thought that you need any kind of diet.

A 이 초콜렛 케이크 먹어봤어? 맛이 아주 좋아.
B 고맙지만 사양하겠어. 다이어트 중이거든.
A 나는 네가 다이어트가 필요하다고는 생각해보지 않았어.

Step 3 Exercise   연습 문제

1 멕시코 음식을 먹어본 적이 있나요? (Maxican food)

_____

2 이 코트를 입어 보셨나요? (coat)

_____

Answer 1. Have you tried Mexican food? 2. Have you tried on this coat?

Unit 17

Review Exercise

A. 단어의 맞는 뜻을 찾아 연결하시오.

1. lift
2. bet
3. raw
4. major
5. favorite

ⓐ 내기
ⓑ 전공
ⓒ 날것의
ⓓ 좋아하는
ⓔ 태워주기

B. 문맥에 알맞은 어구를 찾아 문장을 완성하시오.

1. 같이 가지 않겠어요?
   _____ to come along?
2. 항공권을 구입했나요?
   _____ your airline tickets?
3. 과거에 윈드서핑을 해본 적이 있나요?
   _____ windsurfing before?
4. 내가 무슨 말을 하는지 이해하나요?
   _____ what I am saying?
5. 몇 가지 질문을 해도 될까요?
   _____ if I ask you a few questions?

ⓐ Do you mind
ⓑ Do you want
ⓒ Have you tried
ⓓ Have you bought
ⓔ Do you understand

C. Speaking Exercise 다음 문장을 영어로 표현하시오.

1. 그를 잘 아시나요?

2. 그 여행 가방을 들어드릴까요? (need any help with)

3. 당신은 공상 소설을 읽는 것을 좋아합니까?

4. 몇 가지 질문을 더 해도 괜찮을까요?

5. 지난주 구매했던 책은 다 읽었나요?

6. 식탁에 있는 사과파이 먹어봤나요?

Unit 18

의지 또는 의도
Can you ... ? / Would you ... ?

Preview

1. 수영할 줄 아세요? Can you swim?
2. 스푼을 하나 가져다줄 수 있나요? Can you get me a spoon?
3. 다른 것으로 보여주시겠어요? Can you show me another one?
4. 전화번호를 알려줄 수 있나요? Can you tell me your phone number?
5. 우리와 함께 가시겠어요? Would you like to join us?
6. 내가 너와 함께 가기를 원하니? Would you like me to come with you?

Preview Exercise

ⓐ get ⓑ like to ⓒ like me to ⓓ show ⓔ handle

1. 그것을 처리할 수 있겠어요? Can you _____ it?
2. 타월을 가져다줄 수 있나요? Can you _____ me a towel?
3. 이 옷을 한번 입어보시겠어요? Would you _____ try this on?
4. 한 치수 큰 것을 보여주시겠어요? Can you _____ me one size bigger?
5. 당신이 그 일을 하는 것을 내가 도와주기를 원하나요? Would you _____ help you with it?

1.ⓔ 2.ⓐ 3.ⓑ 4.ⓓ 5.ⓒ

Pattern 01 Can you …?

…해줄 수 있나요?

대화의 상대방에게 어떤 일을 할 수 있는지 묻는 질문이다. 또는 부탁하거나 호의를 요청할 때도 사용할 수 있는 표현이다.

Step 1　Basic Pattern　기초 패턴

Can you
… 수 있나요?

swim?
수영할

handle it?
그것을 처리할

do me a favor?
부탁 좀 들어줄

make the deadline?
마감 기일을 맞출

finish the report by three o'clock?
3 시까지 보고서를 끝낼

* handle 다루다, 처리하다

Step 2　Situation Dialog　상황 대화

A Can you help me?
B Sure, what can I do for you?
A Please come here and help me moving this table. It is too heavy for me.

A 좀 도와줄래?
B 그럴게, 무엇을 도와줄까?
A 여기 와서 이 탁자 옮기는 것을 좀 도와줘. 나 혼자 하기에는 너무 무거워.

Step 3　Exercise　연습 문제

1　여기가 어디인지 말씀해주시겠어요? (where we are)

_____

2　여기서 잠시 기다려주시겠어요? (for a minute)

_____

Answer　1. Can you tell me where we are? 2. Can you wait here for a minute?

Pattern

Can you get me …?
내게 …을 가져다줄 수 있나요?

무엇을 가져다주거나 구해달라고 부탁하는 표현이다. Can you bring me …?로 표현할 수도 있다.

Step 1 Basic Pattern 기초 패턴

Can you get me
내게 … (가져다)줄 수 있나요?

a towel?
타월을
a spoon?
스푼을 하나
a discount?
할인 해
some cold water?
찬물을
something to read?
뭔가 읽을 것을

* discount 할인

Step 2 Situation Dialog 상황 대화

A Can you get me a drink?
B What drink do you want? You can choose from coffee, tea, or orange juice.
A I'd like to have coffee, please.

A 마실 것 좀 가져다주시겠어요?
B 어떤 것을 원하십니까? 커피와 차 그리고 오렌지 주스 중에 선택하실 수 있습니다.
A 커피로 하겠습니다.

Step 3 Exercise 연습 문제

1 택시를 불러주실 수 있나요? (taxi)

_____

2 우산을 하나 가져다주실 수 있나요? (umbrella)

_____

Answer 1. Can you get me a taxi? 2. Can you get me an umbrella?

Can you show me …?

내게 …을 보여줄 수 있나요?

무엇을 보여줄 것을 요청하는 구문이다. Can 대신 Could나 Would를 사용하면 더 정중한 표현이 된다. 의문사 how를 사용하면 방법을 묻는 표현이 된다.

Step 1 Basic Pattern 기초 패턴

Can you show me
내게 … 보여줄 수 있나요?

- another one?
  다른 것으로
- one size bigger?
  한 치수 큰 것을
- your driver's license?
  운전 면허증을
- how it works?
  어떻게 작동하는지
- how to get to the railway station?
  역까지 어떻게 가는지

* driver's license 운전 면허증

Step 2 Situation Dialog 상황 대화

A How do you like it?
B This is a little big for me. Can you show me a smaller size?
A I am sorry but that's the smallest size we have.

A 마음에 드시나요?
B 제겐 조금 큽니다. 작은 치수를 보여주시겠어요?
A 죄송하지만 그것이 가장 작은 치수입니다.

Step 3 Exercise 연습 문제

1 티켓을 보여주시겠어요? (ticket)

_____

2 이 양식을 어떻게 작성하는지 알려주시겠어요? (fill out)

_____

Answer   1. Can you show me your ticket? 2. Can you show me how to fill out this form?

Pattern 04 Can you tell me …?

내게 …을 말해줄 수 있나요?

어떤 사항을 말해주거나 알려달라는 표현이다. 상황에 따라 Can you show me …?와 같은 의미를 가지며, why, where, 또는 how 등의 의문사와 함께 이유나 장소 또는 방법 등을 묻는 질문으로 사용될 수 있다.

Step 1 Basic Pattern 기초 패턴

Can you tell me
내게 … 말해줄 수 있나요?

the truth?
사실을
your phone number?
전화번호를
what happened?
무슨 일인지
what is in the box?
상자 안에 무엇이 있는지
which one you want?
어느 것을 원하는지

Step 2 Situation Dialog 상황 대화

A Excuse me, can you tell me where the City Bank is?
B Sure, please go down this street and turn left at the first traffic light. The bank will be on your left side. You won't miss it.
A Thanks a lot.

* bank 은행 / traffic light 교통 신호등

A 실례지만, 시티 은행이 어디 있는지 아세요?
B 네, 압니다. 이 길을 따라 내려가서서 첫 번째 신호등에서 좌회전하세요. 은행은 당신의 왼쪽에 있을 겁니다. 쉽게 찾으실 겁니다.
A 감사합니다.

Step 3 Exercise 연습 문제

1 누가 그것을 했는지 말해줄 수 있나요? (who)

_____

2 그가 왜 일찍 떠났는지 말해줄 수 있나요? (early)

_____

Answer   1. Can you tell me who did it? 2. Can you tell me why he left early?

Pattern 05 Would you like …?

…을 원하시나요?

대화의 상대방에게 무엇을 권하거나 원하는 것을 물을 때 사용할 수 있는 표현이다. Would you like 다음에 명사나 부정사(to + 동사원형)가 올 수 있다.

Step 1 Basic Pattern 기초 패턴

Would you like
… 원하시나요?

to join us?
우리와 함께하기를

some dessert?
디저트 좀

to try this on?
이 옷을 한 번 입어보기를

to go to a movie tonight?
오늘 저녁에 영화 보기를

to come over for dinner tomorrow?
내일 저녁 식사하러 오기를

* dessert 후식, 디저트 cf. desert 사막 / try on (시험삼아) 입어 보다, 해보다

Step 2 Situation Dialog 상황 대화

A Can I talk to James, please?
B I am sorry, but he is not at his desk at the moment. Would you like to leave a message for him?
A No, that's fine. I will call him later.

* at the moment 지금 (now)

A 제임스와 통화할 수 있을까요?
B 죄송하지만 지금은 자리에 없습니다. 메시지를 남기시겠습니까?
A 괜찮습니다. 나중에 다시 전화하겠습니다.

Step 3 Exercise 연습 문제

1 그와 이야기하고 싶으세요? (talk)

_____

2 뭐 좀 마시겠습니까? (drink)

_____

Answer 1. Would you like to talk to him? 2. Would you like something to drink?

Pattern 06 Would you like me to …?

내가 …하기를 원하시나요?

대화의 상대방에게 내가 어떤 일을 해주기를 원하는지 묻는 질문이다. '제가 …해드릴까요?' 또는 '제가 …해주기를 원하시나요?' 등으로 해석할 수 있다.

Step 1 Basic Pattern 기초 패턴

Would you like me to 내가 … 원하시나요?

come with you? 당신과 함께 가기를
help you with it? 당신이 그 일을 하는 것을 도와주기를
make the first move? 먼저 시작하기를
drive you to the station? 역까지 태워다주기를
show you how it works? 그것이 이렇게 작동하는지 보여주기를

* first move 선수 / make the first move 시작하다, 먼저 행동을 취하다

Step 2 Situation Dialog 상황 대화

A It's really hot in here, isn't it?
B Would you like me to open the window?
A Thanks, I'd appreciate it.

* appreciate 인정하다, 고마워하다

A 실내가 너무 덥지 않나요?
B 창문을 열어드릴까요?
A 그래주시면 고맙겠습니다.

Step 3 Exercise 연습 문제

1 읽을 것을 가져다드릴까요? (read)

   _____

2 신청서를 보내드릴까요? (application form)

   _____

Answer
1. Would you like me to get you something to read?
2. Would you like me to send you an application form?

Review Exercise

A. 단어의 맞는 뜻을 찾아 연결하시오.

1. try on
2. handle
3. discount
4. traffic light
5. appreciate

ⓐ 할인
ⓑ 교통 신호등
ⓒ 고마워하다
ⓓ 처리하다
ⓔ 시험 삼아 해보다

B. 문맥에 알맞은 어구를 찾아 문장을 완성하시오.

1. 마감 기일을 맞출 수 있나요?
   _____ the deadline?
2. 어떻게 작동하는지 보여주시겠어요?
   _____ how it works?
3. 어느 것을 원하는지 말해줄 수 있나요?
   _____ which one you want?
4. 오늘 저녁에 영화 보러 가시겠어요?
   _____ to go to a movie tonight?
5. 내가 먼저 시작할까요?
   _____ to make the first move?

ⓐ Can you tell me
ⓑ Can you make
ⓒ Can you show me
ⓓ Would you like
ⓔ Would you like me

C. Speaking Exercise 다음 문장을 영어로 표현하시오.

1. 내 대신 이 파일을 좀 복사해주시겠어요?

2. 커피 한 잔을 좀 가져다주실 수 있나요?

3. 탑승권을 보여주시겠어요? (boarding pass)

4. 기차가 몇 시에 출발하는지 말해줄 수 있나요?

5. 귀하의 이름을 대기자 명단에 올리시겠습니까? (add your name to / waiting list)

6. 마실 것을 가져다드릴까요?

Unit 19

당부 및 주의
Don't ...

Preview

1. 웃기지 마시오. Don't make me laugh.
2. 그렇게 화내지 마세요. Don't be so upset.
3. 모든 일을 다 하려 하지 마시오. Don't try to do everything.
4. 문 잠그는 것 잊지 마세요. Don't forget to lock the door.
5. 비용은 걱정하지 마세요. Don't worry about the cost.
6. 실수하는 것을 두려워하지 마시오. Don't be afraid of making mistakes.

Preview Exercise

ⓐ Don't forget   ⓑ Don't worry   ⓒ Don't be afraid   ⓓ Don't try   ⓔ Don't be

1. 너무 실망하지 마시오. ____ too disappointed.
2. 상황을 더 나쁘게 만들지 마시오. ____ to make it worse.
3. 서명하는 것 잊지 마세요. ____ to sign your name.
4. 걱정 마세요, 내가 처리하겠습니다. ____. I will take care of it.
5. 질문하는 것을 두려워하지 마시오. ____ to ask questions.

1. ⓔ 2. ⓓ 3. ⓐ 4. ⓑ 5. ⓒ

Pattern 01 Don't make ...

…하게 하지 마세요

'…하게 하다'의 make는 목적어가 있을 때는 사역동사의 역할을 한다.

Step 1 Basic Pattern 기초 패턴

Don't make
… 하지 마세요

me laugh.
나를 웃게

him angry.
그를 화나게

me say it again.
내가 두 번 말하게

noise in the library.
도서관에서는 시끄럽게

promises that you can't keep.
지키지 못할 약속은

Step 2 Situation Dialog 상황 대화

A I heard you won a prize in the piano competition.
B Yes, I think I was lucky.
A I know you practiced a lot. It's what you deserve. Why don't you have a celebration?
B Please don't make such a big deal out of it.

* competition 경쟁, 시합 / big deal 대단한 일, 큰 거래

A 피아노 경연에서 상을 받았다며?
B 그래, 운이 좋았었던 것 같아.
A 연습을 많이 했었잖아. 네가 상을 받을 만해. 축하 파티라도 열어야 하지 않을까?
B 제발 별것 아닌 일로 너무 야단 떨지 마.

Step 3 Exercise 연습 문제

1 나를 창피하게 만들지 마. (blush)

___

2 나를 그곳에 가게 하지 마세요. (go)

___

Answer 1. Don't make me blush. 2. Don't make me go there.

Pattern 02 Don't be ...

…하지 마세요

상대방에게 '…하지 말라'는 부탁이나 당부, 또는 조언을 할 때 사용할 수 있는 표현이다. 뒤에 so나 too 등의 부사가 올 수 있다. Don't be so …는 '그렇게 …하지 마시오'라고 할 수 있으며 Don't be too …는 '지나치게 …하지 마시오'라고 하면 된다.

Step 1 Basic Pattern 기초 패턴

Don't be … 마세요
- **afraid.** 겁내지
- **so upset.** 그렇게 화내지
- **so childish.** 그렇게 유치하게 굴지
- **too sure of it.** 너무 자신하지
- **too disappointed.** 너무 실망하지

Step 2 Situation Dialog 상황 대화

A We are late. The train left ten minutes ago.
B Don't be so worried. The next train is due in 20 minutes.

A 우리가 늦었어. 기차가 10분 전에 떠났어.
B 너무 걱정 마. 20분 후에 다음 기차가 올 거야.

Step 3 Exercise 연습 문제

1 그에게 너무 심하게 하지 마세요. (be too hard on)

___

2 너무 성급하게 어느 편을 들지 마세요. (too hasty in / take sides)

___

Answer 1. Don't be too hard on him. 2. Don't be too hasty in taking sides.

Pattern 03 Don't try to ...

…하려고 하지 마세요

주의 또는 경고의 의미로 사용되는 표현이다.

Step 1 Basic Pattern 기초 패턴

Don't try to
… 하지 마세요

fool me.
속이려

do everything.
모든 일을 다 하려

make it worse.
상황을 더 나쁘게 만들려

make an excuse.
변명하려

be somebody you're not.
자신이 아닌 다른 사람이 되려

* fool 바보; 속이다, 기만하다

Step 2 Situation Dialog 상황 대화

A My answer is no.
B Give it a second thought. The offer is too good to refuse.
A Don't try to persuade me. I won't change my mind.

* refuse 거절하다 / persuade 설득하다 / change one's mind 생각을 바꾸다

A 거절하겠습니다.
B 한 번 더 생각해보세요. 거절하기 아까운 제안입니다.
A 나를 설득하려 하지 마세요. 내 생각은 변하지 않을 겁니다.

Step 3 Exercise 연습 문제

1 완벽해지려 애쓰지 마세요. (perfect)

_____

2 그 문제를 혼자서 해결하려 하지 마세요. (yourself)

_____

Answer 1. Don't try to be perfect. 2. Don't try to solve the problem yourself.

Pattern 04 Don't forget to ...

…하는 것을 잊지 마세요

부정사 to를 사용해야 한다는 점에 주의한다. 동명사 구문 forget -ing는 '(과거) …했었던 것을 잊었다'는 의미이므로 '(미래) …할 것을 잊지 말라'는 표현은 to부정사 구문으로 표현한다.

Step 1 Basic Pattern   기초 패턴

Don't forget to
…을 잊지 마세요

lock the door.
문 잠그는 것
sign your name.
서명하는 것
bring your umbrella.
우산 가져오는 것
call me when you arrive.
도착하면 내게 전화하는 것
tell him that I am not coming.
나는 가지 않는다고 그에게 말하는 것

Step 2 Situation Dialog   상황 대화

A When is the garden party?
B It is scheduled at 2 P.M. on Saturday. Don't forget to bring your folding table.
A Don't worry, I won't.

* fold 접다, 꼬개다

A 가든 파티가 언제지?
B 토요일 오후 2시로 예정되어 있어. 접이식 테이블 가지고 오는 것 잊지 마.
A 걱정 마, 안 잊을게.

Step 3 Exercise   연습 문제

1 가스 잠그는 것 잊지 마세요. (turn off)

_____

2 물고기에게 하루 한번 씩 먹이 주는 것 잊지 마세요. (feed)

_____

Answer 1. Don't forget to turn off the gas. 2. Don't forget to feed the fish once a day.

Pattern 05 Don't worry (about) ...
…을 걱정하지 마세요

걱정하거나 마음을 쓰지 말 것을 당부하는 표현이다.

Step 1 Basic Pattern 기초 패턴

Don't worry / 걱정하지 마세요

- **about me.** / 나에 대해서
- **about the cost.** / 비용은
- **, you will make it.** / 당신은 해낼 것입니다.
- **, I will talk to him.** / 내가 그에게 말하겠습니다.
- **, I will take care of it.** / 내가 처리하겠습니다.

* take care of 돌보다, 처리하다

Step 2 Situation Dialog 상황 대화

A How is your report coming along?
B I am still working on it.
A It must be handed in by Tuesday.
B Don't worry, I have almost finished.

A 리포터는 어떻게 되어가고 있어?
B 아직 하고 있는 중이야.
A 화요일까지는 제출되어야 해.
B 걱정 마, 거의 마쳤어.

Step 3 Exercise 연습 문제

1 그가 한 말을 유념치 마세요. (what he said)

_____

2 그녀는 걱정 마세요. 괜찮을 겁니다. (be OK)

_____

Answer 1. Don't worry about what he said. 2. Don't worry about her. She will be OK.

Pattern 06 Don't be afraid of/to ...

…을 두려워하지 마세요

걱정하거나 두려워하지 말라는 표현이다. 의도하지 않게 발생하는 행위에 대한 우려를 표현할 때는 of -ing를 사용하고 특정한 또는 개별적 사항에 대한 두려움을 언급할 때는 afraid to … 구문을 사용한다. 그러나 종종 서로 의미의 차이 없이 혼용되기도 한다.

Step 1 Basic Pattern 기초 패턴

Don't be afraid
두려워하지 마세요

of taking risks.
위험을 감수하는 것을
of making mistakes.
실수하는 것을
to ask advice.
조언을 구하는 것을
to ask questions.
질문하는 것을
to say what you think.
당신이 생각하는 것을 말하는 것을

* risk 위험

Step 2 Situation Dialog 상황 대화

A Do you understand what I mean?
B I am sorry but I don't.
A Don't be afraid to ask questions, if you don't understand.

A 무슨 말인지 이해하나요?
B 미안하지만 이해되지 않습니다.
A 만약 이해가 되지 않는다면 질문하는 것을 두려워하지 마세요.

Step 3 Exercise 연습 문제

1 실패를 두려워하지 마세요.

_____

2 변화시키는 것을 두려워 마세요. (make a change)

_____

Answer 1. Don't be afraid of failure. 2. Don't be afraid of making a change.

Review Exercise

A. 단어의 맞는 뜻을 찾아 연결하시오.

1. fold
2. refuse
3. persuade
4. compete
5. fool

ⓐ 접다
ⓑ 설득하다
ⓒ 경쟁하다
ⓓ 속이다
ⓔ 거절하다

B. 문맥에 알맞은 어구를 찾아 문장을 완성하시오.

1. 유치하게 굴지 마시오.
   _____ so childish.
2. 나를 속이려 하지 마시오.
   _____ to fool me.
3. 내 걱정은 마세요.
   _____ about me.
4. 그를 화나게 하지 마시오.
   _____ him angry.
5. 위험을 감수하는 것을 두려워하지 마시오.
   _____ of taking risks.

ⓐ Don't try
ⓑ Don't be
ⓒ Don't make
ⓓ Don't worry
ⓔ Don't be afraid

C. Speaking Exercise 다음 문장을 영어로 표현하시오.

1. 별것도 아닌 일로 호들갑 떨지 마세요. (make a fuss about 또는 make ado about)

2. 그 결과에 대해 너무 실망하지 마세요.

3. 탈출하기 전에 귀중품들을 가져 나오려 하지 마세요. (gather your valuables)

4. 침낭 가져오는 것 잊지 마세요.

5. 당신이 통제할 수 없는 일을 걱정하지 마세요. (control)

6. 야구를 할 때는 공을 두려워하지 마세요. (play baseball)

Part 2 Answer

Unit 12   p112

A. 1. ⓑ 2. ⓔ 3. ⓐ 4. ⓓ 5. ⓒ
B. 1. ⓑ 2. ⓐ 3. ⓔ 4. ⓒ 5. ⓓ
C. 1. Are you satisfied with your current work?
   2. Are you still working at the trading company?
   3. Are you going to take part in the competition?
   4. Are you saying that I am one of the suspects?
   5. Are you sure you didn't say anything to her?
   6. Are you happy with the house you recently moved in?

Unit 13   p120

A. 1. ⓒ 2. ⓓ 3. ⓐ 4. ⓔ 5. ⓑ
B. 1. ⓒ 2. ⓐ 3. ⓔ 4. ⓓ 5. ⓑ
C. 1. You are always so full of energy.
   2. You are such a terrible liar.
   3. You are very generous.
   4. You are always special and important to me.
   5. You look great with the black suit.
   6. You are winning but you don't look so enthusiastic.

Unit 14   p128

A. 1. ⓒ 2. ⓐ 3. ⓑ 4. ⓔ 5. ⓓ
B. 1. ⓓ 2. ⓒ 3. ⓒ 4. ⓐ 5. ⓑ
C. 1. You are going to take part in the competition.
   2. You are not going to need my help anymore.
   3. You are supposed to meet them at the airport this afternoon.
   4. You were supposed to meet them at the airport this morning.
   5. You are not supposed to swim in this lake.
   6. You are not allowed to enter the VIP room without permission.

Unit 15   p136

A. 1. ⓑ 2. ⓐ 3. ⓓ 4. ⓔ 5. ⓒ
B. 1. ⓒ 2. ⓐ 3. ⓔ 4. ⓓ 5. ⓑ
C. 1. You should arrive at the airport before noon.
   2. You should not drink coffee after 6 pm.
   3. You should have been more careful when you crossed the street.
   4. You should not have gone out in the heavy rain.
   5. You must comply with safety regulations.
   6. You must not exceed the maximum speed limit set for the road.

Unit 16   p144

A. 1. ⓑ 2. ⓒ 3. ⓔ 4. ⓓ 5. ⓐ
B. 1. ⓐ 2. ⓓ 3. ⓔ 4. ⓑ 5. ⓒ
C. 1. You have to wait here until he comes back.
   2. You will have to go over the data again if the numbers do not match.
   3. You don't have to worry about the results of the test.
   4. You had better go to see a doctor at once.
   5. You need to cut down your spending on clothes.
   6. You don't need to listen to his complaints.

Unit 17   p152

A. 1. ⓔ 2. ⓐ 3. ⓒ 4. ⓑ 5. ⓓ
B. 1. ⓑ 2. ⓓ 3. ⓒ 4. ⓔ 5. ⓐ
C. 1. Do you know him well?
   2. Do you need any help with those suitcases?
   3. Do you like to read fantasy novels?
   4. Do you mind if I ask you a few more questions?
   5. Have you finished reading the book you bought last week?
   6. Have you tried the apple pie on the table?

Unit 18   p160

A. 1. ⓔ 2. ⓒ 3. ⓐ 4. ⓑ 5. ⓒ
B. 1. ⓑ 2. ⓒ 3. ⓐ 4. ⓓ 5. ⓔ
C. 1. Can you copy these files for me, please?
   2. Can you bring me a cup of coffee, please?
   3. Can you show me your boarding pass please?
   4. Can you tell me what time the train leaves?
   5. Would you like to add your name to our waiting list?
   6. Would you like me to get you something to drink?

Unit 19   p168

A. 1. ⓐ 2. ⓔ 3. ⓑ 4. ⓒ 5. ⓓ
B. 1. ⓑ 2. ⓐ 3. ⓓ 4. ⓒ 5. ⓔ
C. 1. Don't make a fuss about nothing. / Don't make ado about nothing.
   2. Don't be too disappointed about the result.
   3. Don't try to gather your valuables before escaping.
   4. Don't forget to bring your sleeping bag.
   5. Don't worry about things you can't control.
   6. Don't be afraid of the ball, when you play baseball.

Part 3

의문사 표현: Who, What, When, Where, Why, & How

궁금한 사항을 의문사를 이용하여 질문하는 표현이다. '누가, 언제, 어디서, 무엇을, 어떻게, 왜, 또는 얼마나' 등 일곱 가지 유형의 질문 모두가 이에 해당한다.

① 누구인지 또는 어느 것인지 묻는 질문
  Who are you? 당신은 누구십니까?
  Which room is yours? 어느 방이 당신 건가요?

② 무엇인지 또는 무엇을 할 것인지 묻는 질문
  What is your favorite sport? 어떤 스포츠를 좋아합니까?
  What are you going to do after work today? 오늘 일과 후에 무엇을 할 겁니까?

③ 시간 또는 시기가 언제인지 묻는 질문
  When will you go shopping? 쇼핑은 언제 가나요?
  When did the accident happen? 사고는 언제 발생했나요?

④ 위치 또는 장소를 묻는 질문
  Where am I? 여기가 어딘가요?
  Where do you park your car? 차는 어디에 주차하나요?

⑤ 이유나 원인을 묻는 질문
  Why are you looking at me? 왜 나를 쳐다보나요?
  Why did you come so early? 왜 그렇게 일찍 왔었나요?

⑥ 방법, 빈도, 양 또는 수를 묻는 질문
  How did you spend your holidays? 휴가는 어떻게 보냈나요?
  How often do you go shopping? 쇼핑은 얼마나 자주 가세요?
  How many eggs do you eat a day? 하루에 달걀을 몇 개 먹나요?

Unit 20

누구 / 어느 것
Who ...? / Which ...?

Preview

1. 그는 누구인가요? Who is he?
2. 누가 그렇게 말했나요? Who said that?
3. 누가 먼저 갈 건가요? Who will go first?
4. 그것은 누구 생각인가요? Whose idea is it?
5. 어느 방이 당신 건가요? Which room is yours?
6. 홍차와 커피 중 어느 것이 더 좋은가요? Which do you prefer, tea or coffee?

Preview Exercise

ⓐ Who is ⓑ Who will ⓒ Which ⓓ Whose ⓔ Who

1. 누가 상관하겠어? _____ cares?
2. 다음 차례는 누구인가요? _____ next?
3. 누가 그에게 말할 건가요? _____ talk to him?
4. 어느 길이 출구인가요? _____ way is the exit?
5. 이것들은 누구 신발인가요? _____ shoes are these?

1. ⓔ 2. ⓐ 3. ⓑ 4. ⓒ 5. ⓓ

Pattern 01 Who is …?

누가 …입니까?

신원 또는 행위의 주체가 누구인지 묻는 질문이다.

Step 1 Basic Pattern 기초 패턴

Who is 누구입니까?

he? 그는
next? 다음 차례는
playing the guitar? 기타를 치고 있는 사람은
the person in charge? 책임자가
responsible for the accident 그 사고에 대한 책임이 있는 사람이

* in charge … 을 맡은, 담당하는

Step 2 Situation Dialog 상황 대화

A Do you know who she is?
B Who do you mean?
A The girl who is talking with James.
B No, I don't. I have never seen her before.

A 그녀가 누구인지 알아?
B 누구 말인데?
A 제임스와 이야기하고 있는 여자 말이야.
B 모르겠는데. 전에 한 번도 본 적이 없어.

Step 3 Exercise 연습 문제

1 누가 책임이 있나요? (responsible)

_____

2 흰 드레스를 입은 저 여인은 누구입니까? (lady)

_____

Answer 1. Who is responsible? 2. Who is the lady in the white dress?

Pattern 02 Who ...?

누가 …합니까?

who 뒤에 일반동사가 오는 의문문은 행위를 하는 사람이 누구인지 묻는 질문이다. Who 뒤에 의문문을 만드는 do/did/does가 오면 행위의 대상이 누구인지 묻는 질문이 된다. 구어체에서 의문사 who는 주격 또는 목적격이 될 수 있다.

Step 1 Basic Pattern 기초 패턴

Who **cares?**
누가 상관하겠어?
said that?
그렇게 말했나요?
do you like? (목적어)
(누구를) 좋아하나요?
do you talk to? (목적어)
(누구와) 이야기하나요?
left the door open?
문을 열어두었나요?

* care 상관하다 / leave the door open 문을 열어 두다

Step 2 Situation Dialog 상황 대화

A Someone broke the window last night.
B Who do you think did it?
A I have no idea.

A 어젯밤 누군가가 창문을 깨트렸어.
B 누가 그랬다고 생각해?
A 모르겠어.

Step 3 Exercise 연습 문제

1 누가 내 샌드위치를 먹었어? (eat)

___

2 어제 누구를 만났나요? (yesterday)

___

Answer 1. Who ate my sandwiches? 2. Who did you meet yesterday? (목적어)

Pattern 03 Who will …?

누가 …할 것인가요?

미래시제 의문문으로 어떤 위치에 있게 되거나 어떤 행위를 하게 될 사람이 누구인지 묻는 질문이다. Who will …? 대신 Who is going to …?를 사용해도 미래시제 의문문이다.

Step 1 Basic Pattern 기초 패턴

Who wlll 누가 … 건가요?

- **go first?** 먼저 갈
- **talk to him?** 그에게 말할
- **be in charge?** 책임을 맡을
- **replace him?** 그를 대신할
- **clean the house?** 집을 청소할

Step 2 Situation Dialog 상황 대화

A Who will be meeting us at the airport?
B Richard will.
A Does he know what time we arrive?

A 누가 공항에 우리를 마중 나오나요?
B 리차드가 나올 겁니다.
A 그는 우리가 몇 시에 도착하는지 알고 있나요?

Step 3 Exercise 연습 문제

1 그가 은퇴하고 나면 누가 그를 대신하나요? (retire)

_____

2 누가 그 프로젝트를 책임질 건가요? (in charge of)

_____

Answer 1. Who will replace him after he retires? 2. Who will be in charge of the project?

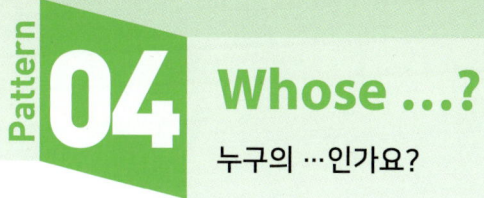

Pattern 04 Whose ...?

누구의 ...인가요?

한정사 또는 소유격 대명사로 누구의 소유인지 묻는 질문이다.

Step 1 Basic Pattern 기초 패턴

Whose (누구의)
- **is it?**
  (그것은) 것인가요?
- **idea is it?**
  (그것은) 생각인가요?
- **shoes are these?**
  (이것들은) 신발인가요?
- **side are you on?**
  (당신은) 편인가요?
- **names are written on the list?**
  이름이 명단에 기록되어 있나요?

* list 목록, 명부

Step 2 Situation Dialog 상황 대화

A Are these socks yours?
B No, they are not mine.
A If these are not yours, whose are these?
B I thought they were yours.

A 이 양말 네 것이야?
B 아니, 내 것 아니야.
A 너의 것이 아니라면, 누구 것이야?
B 나는 그것이 너의 것이라고 생각했어.

Step 3 Exercise 연습 문제

1 누구 차례인가요? (turn)

_____

2 누구 집으로 가는 건가요? (house)

_____

Answer 1. Whose turn is it? / Whose go is it? 2. Whose house are we going to?

Unit 20

175

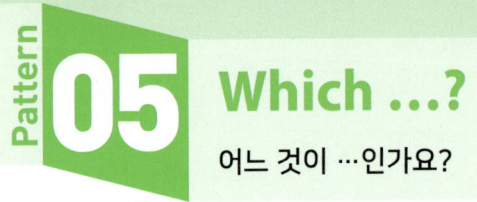

Pattern 05 Which …?
어느 것이 …인가요?

의문 대명사로 어느 사람 또는 어느 것인지 묻는 질문이다. 명사와 연결되어 의문 형용사로도 사용된다.

Step 1 Basic Pattern 기초 패턴

Which | **is yours?**
어느 | 것이 당신 건가요?
| **room is yours?**
| 방이 당신 건가요?
| **way is the exit?**
| 길이 출구인가요?
| **side are you on?**
| (당신은) 편인가요?
| **airport should we go to?**
| 공항으로 우리가 가야 하나요?

* exit 출구 / whose side 누구 편 / which side 어느편

Step 2 Situation Dialog 상황 대화

A I am going to the airport. Which bus should we take?
B Cross the road and take bus number 124.

A 공항으로 가려고 합니다. 어느 버스를 타야 하나요?
B 길을 건너서 124번 버스를 타시면 됩니다.

Step 3 Exercise 연습 문제

1 우리는 어느 길로 가야 하나요? (way)

___

2 시청은 어느 길인가요? (city center)

___

Answer 1. Which way should we go? 2. Which way is the city center?

Pattern 06

Which do you prefer ...? … 중 어느 쪽이 더 좋은가요?
Which do you like better ...? … 중 어느 쪽이 더 좋은가요?

둘 또는 복수의 항목 중 더 좋아하는 것이 무엇인지 묻는 질문이다. 같은 종류 중에서 더 선호하는 것을 묻는 경우 which는 의문 형용사로 which wine, which city, which drink 등으로 표현한다.

Step 1 Basic Pattern 기초 패턴

Which do you prefer,
어느 것이 더 좋은가요?

- **tea or coffee?**
  홍차와 커피 중
- **rice or bread?**
  밥과 빵 중
- **a window or an aisle seat?**
  창가 쪽 좌석과 통로 쪽 좌석 중

Which do you like better,
어느 것이 더 좋은가요?

- **red wine or white wine?**
  적포도주와 백포도주 중
- **summer or winter?**
  여름과 겨울 중

* aisle 통로

Step 2 Situation Dialog 상황 대화

A I am thinking about getting a pet.
B Which do you like better, cats or dogs?
A I like neither of them. I want to get a parrot.

* parrot 앵무새

A 애완 동물을 기를까 생각 중이야.
B 개와 고양이 중, 어느 것을 더 좋아해?
A 나는 둘 다 좋아하지 않아. 앵무새를 기르고 싶어.

Step 3 Exercise 연습 문제

1 클래식과 팝 음악 중 어느 것을 더 좋아하나요? (classic)

_____

2 빨강과 파랑 중 어느 색을 더 좋아하나요? (blue)

_____

Answer 1. Which do you like better, classic or pop music? 2. Which color do you like better, red or blue?

Review Exercise

A. 단어의 맞는 뜻을 찾아 연결하시오.

1. exit
2. care
3. aisle
4. parrot
5. responsible

ⓐ 통로
ⓑ 출구
ⓒ 앵무새
ⓓ 책임이 있는
ⓔ 상관하다

B. 문맥에 알맞은 단어를 찾아 문장을 완성하시오.

1. 당신은 어느 편인가요?

   _____ side are you on?

2. 누가 문을 열어두었나요?

   _____ left the door open?

3. 누가 책임자입니까?

   _____ the person in charge?

4. 누가 집을 청소할 건가요?

   _____ clean the house?

5. 적포도주와 백포도주 중 어느 것이 더 좋은가요?

   _____ like better, red wine or white wine?

ⓐ Who will
ⓑ Which do you
ⓒ Which
ⓓ Who
ⓔ Who is

C. Speaking Exercise 다음 문장을 영어로 표현하시오.

1. 누가 그 사고에 대한 책임이 있나요?

2. 그 여행가방은 누구의 것인가요?

3. 당신이 없는 동안 누가 당신의 개를 돌볼 건가요? (be away)

4. 우리는 누구의 제안을 받아들여야 하나요?

5. 이번 여름에는 어느 나라를 방문할 건가요?

6. 육류와 생선 중 어느 것을 더 좋아하나요?

Unit 21

무엇 / 왜
What ...?

Preview

1. 어떤 스포츠를 좋아합니까?	What is your favorite sport?
2. 무엇을 살 겁니까?	What are you going to buy?
3. 무슨 말을 하려는 건가요?	What are you trying to say?
4. 무슨 말을 하고 싶은가요?	What do you want to say?
5. 내 계획을 어떻게 생각하나요?	What do you think of my plan?
6. 왜 그것이 사실이 아니라고 생각하나요?	What makes you think it is not true?

Preview Exercise

ⓐ going ⓑ makes ⓒ trying ⓓ think ⓔ want

1. 무엇을 알고 싶은가요?	What do you _____ to know?
2. 의미하는 게 뭔가요?	What are you _____ to imply?
3. 그녀에게 뭐라고 말할 겁니까?	What are you _____ to say to her?
4. 왜 그것이 나였다고 생각하나요?	What _____ you think it was me?
5. 그의 제안을 어떻게 생각하나요?	What do you _____ of his suggestion?

1. ⓔ 2. ⓒ 3. ⓐ 4. ⓑ 5. ⓓ

Pattern 01 What is your ...?

당신의 …은 무엇입니까?

상대방의 취미, 계획 또는 의도 등이 무엇인지 묻고자 할 때 사용할 수 있는 구문이다.

Step 1 Basic Pattern 기초 패턴

What is your
당신의 … 무엇입니까?

favorite sport?
가장 좋아하는 스포츠는
plan for the New Year?
새해 계획은
answer to this question?
이 질문에 대한 대답은
opinion on this matter?
이 문제에 대한 의견은
response to that suggestion?
그 제안에 대한 응답은

* opinion 의견, 견해 / suggestion 제안

Step 2 Situation Dialog 상황 대화

A Summer vacation is only a few weeks away.
B What is your plan for summer?
A I am going to visit my uncle in England.

A 이제 몇 주만 지나면 여름 방학이야.
B 여름에 어떤 계획이 있어?
A 영국에 사시는 삼촌을 방문하려고 해.

Step 3 Exercise 연습 문제

1 당신의 집 전화번호는 몇 번입니까? (landline telephone number)

_____

2 당신이 이곳에 온 목적은 무엇입니까? (purpose)

_____

Answer 1. What is your landline telephone number? 2. What is your purpose in coming here?
* landline telephone number = home telephone number

Pattern 02 : What are you going to …?
무엇을 …할 것인가요?

가까운 미래에 예정된 또는 하고자 하는 일이 무엇인지 묻는 표현이다.

Step 1 Basic Pattern 기초 패턴

What are you going to
무엇을 … 겁니까?

buy?
살
say to her?
그녀에게 (뭐라고) 말할
do with the money?
그 돈으로 할
do after work today?
오늘 일과 후에 할
discuss at the next meeting?
다음 회의에서 논의할

Step 2 Situation Dialog 상황 대화

A What are you going to have for dinner tonight?
B I am thinking of ordering pizza or something.
A You are not going to cook, aren't you?
B I've had a long hard day. I really don't want to do anything.

A 오늘 저녁은 무엇을 먹을 거니?
B 뭐, 피자 같은 걸로 주문할까 생각 중이야.
A 요리를 하고 싶지가 않구나, 그렇지?
B 힘들고 긴 하루였어. 아무것도 하고 싶지가 않아.

Step 3 Exercise 연습 문제

1 무엇에 관해서 이야기할 건가요? (talk)

   _____

2 그의 생일에 무엇을 줄 건가요? (birthday)

   _____

Answer 1. What are you going to talk about? 2. What are you going to get/give him for his birthday?

181

Pattern 03 | What are you trying to …?

무엇을 …하려는 건가요?

try to …는 '…하려고 시도하다' 또는 '노력하다'는 의미이다.

Step 1　Basic Pattern　기초 패턴

What are you trying to
무엇을 … 하는 건가요?

say?
말하고자
imply?
의미하고자
figure out?
알아내고자
find out?
찾고자
achieve in the research?
그 연구에서 이루고자

* imply 암시하다 / figure out 생각해내다

Step 2　Situation Dialog　상황 대화

A What are you trying to find in the box?
B I think I left my spare key here.
A You lost your key again, didn't you?

A 상자 안에 무엇을 찾고 있어?
B 보조 열쇠를 여기다 두었던 것 같은데.
A 열쇠를 또 잃어버렸구나, 그렇지?

* spare 남는, 여분의

Step 3　Exercise　연습 문제

1 무엇을 감추려는 거야? (hide)

___

2 내게 무슨 말을 하려는 건가요? (tell)

___

Answer　1. What are you trying to hide? 2. What are you trying to tell me?

Pattern 04 What do you want to …?

무엇을 …하기 원하시나요?

상대방에게 원하는 것 또는 하고 싶은 것이 무엇인지 묻는 질문이다.

Step 1 Basic Pattern 기초 패턴

What do you want to 　**say?**
무엇을 … 원하시나요?　말하기를
　　　　　　　　　　　know?
　　　　　　　　　　　알기를
　　　　　　　　　　　hear from him?
　　　　　　　　　　　그에게서 듣기를
　　　　　　　　　　　learn from this course?
　　　　　　　　　　　이 과정에서 배우기를
　　　　　　　　　　　include in your bucket list?
　　　　　　　　　　　당신의 버킷 리스트에 포함하기를

* bucket list 꼭 해야 할 일, 목표

Step 2 Situation Dialog 상황 대화

A What do you want to do this weekend?
B I don't have anything planned yet. How about you?
A If the weather's fine, I will go hiking. Are you coming with me?

A 이번 주말에 뭐하고 싶어?
B 정해진 계획은 아직 없어. 너는 어때?
A 날씨가 좋으면, 하이킹을 갈 거야. 너도 함께 갈래?

Step 3 Exercise 연습 문제

1 뭐 마시고 싶어? (drink)

　 _____

2 그녀에 관해서 무엇을 알고 싶은데? (about her)

　 _____

Answer　1. What do you want to drink? 2. What do you want to know about her?

Pattern 05 What do you think of ...?
…에 대해 어떻게 생각하나요?

어떤 사항이나 사물 또는 사람에 대한 의견을 묻는 질문이다. What do you think about …?으로도 표현할 수도 있다.

Step 1 Basic Pattern 기초 패턴

What do you think of
…에 대해 어떻게 생각하나요?

my plan?
내 계획
this jacket?
이 재킷
his suggestion?
그의 제안
me becoming a chef?
내가 요리사가 되는 것
visiting him tomorrow?
내일 그를 방문하는 것

Step 2 Situation Dialog 상황 대화

A What do you think of her?
B Jennifer? I think she is very charming. Why do you ask?
A I am thinking of asking her out on a date.

* ask someone out 데이트를 신청하다

A 그녀를 어떻게 생각해?
B 제니퍼? 나는 그녀가 매우 매력적이라고 생각해. 왜 묻는 거야?
A 그녀에게 데이트를 신청할까 생각 중이거든.

Step 3 Exercise 연습 문제

1 이 구두는 어때요? (shoes)

___

2 그 새로운 프로젝트를 어떻게 생각하나요? (new)

___

Answer 1. What do you think of these shoes? 2. What do you think of the new project?

Pattern 06 What makes you think (that) ...?

왜 …라고 생각하나요?

의문사 what으로 시작하지만 why처럼 이유를 묻는 질문이다. 직역을 하면 '무엇이 당신으로 하여금 …라고 생각하게 만드는가?' 즉 Why do you think …?와 같은 의미를 갖는다.

Step 1 Basic Pattern 기초 패턴

What makes you think
왜 … 생각하나요?

it was me?
그것이 나였다고
it is not true?
그것이 사실이 아니라고
he is a millionaire?
그가 백만장자라고
you are better than me?
당신이 나보다 더 잘한다고
that I am not interested in sports?
내가 스포츠에 관심이 없다고

Step 2 Situation Dialog 상황 대화

A I think he is not coming. We should start now.
B What makes you think he is not coming?
A He should have been here half an hour ago. We cannot wait any longer.

A 내 생각엔 그가 오지 않을 것 같아. 우리는 이제 출발해야 해.
B 왜 그가 오지 않을 것이라고 생각해?
A 그는 30분 전에 왔어야 했어. 우리는 더 이상 기다릴 수가 없어.

Step 3 Exercise 연습 문제

1 왜 그녀가 거짓말을 하고 있다고 생각하나요? (be lying)

___

2 왜 내가 당신의 제안을 받아들일 것이라고 생각하나요? (accept)

___

Answer 1. What makes you think she is lying? 2. What makes you think I will accept your offer?

Review Exercise

A. 단어의 맞는 뜻을 찾아 연결하시오.

1. imply
2. spare
3. opinion
4. figure out
5. bucket list

ⓐ 의견
ⓑ 여분의
ⓒ 암시하다
ⓓ 꼭 해야 할 일
ⓔ 생각해내다

B. 문맥에 알맞은 어구를 찾아 문장을 완성하시오.

1. 정확히 무엇을 찾으려 하는 건가요?

   What exactly _____ find out?

2. 왜 그가 백만장자라고 생각하나요?

   What _____ he is a millionaire?

3. 그 제안에 대한 당신의 응답은 무엇입니까?

   What _____ that suggestion?

4. 오늘 일과 후에 무엇을 할 겁니까?

   What _____ do after work today?

5. 당신의 버킷 리스트에 무엇을 포함시키고 싶나요?

   What _____ include in your bucket list?

ⓐ do you want to
ⓑ are you trying to
ⓒ are you going to
ⓓ makes you think
ⓔ is your response to

C. Speaking Exercise 다음 문장을 영어로 표현하시오.

1. 이 영화에서 당신이 마음에 드는 장면은 무엇입니까? (favorite)

2. 이 상자들로 무엇을 할 것인가요?

3. 그들에게 무엇을 증명하려는 건가요?

4. 그 상금으로 뭐하고 싶어? (the prize money)

5. 이번 여름에 수영 강습을 받는 게 어때요?

6. 왜 우리가 당신의 계획에 동의할 것이라 생각하나요?

Unit 22

언제
When ... ?

Preview

1. 생일이 언제인가요?	When is your birthday?
2. 언제 떠날 건가요?	When are you going to leave?
3. 쇼핑은 언제 가나요?	When will you go shopping?
4. 언제 돌아왔어?	When did you come back?
5. 언제 나의 도움이 필요한가요?	When do you need my help?
6. 언제 그에게 말하기를 원하나요?	When do you want to talk to him?

Preview Exercise

ⓐ need ⓑ will ⓒ is ⓓ want ⓔ did

1. 언제 돌아오나요?	When _____ you be back?
2. 군대는 언제 갔다 왔나요?	When _____ you join the army?
3. 전화 요금 납부 기한은 언제인가요?	When _____ your phone bill due?
4. 언제까지 그 보고서가 필요한가요?	When do you _____ the report by?
5. 언제 그에게 말하기를 원하나요?	When do you _____ to talk to him?

1. ⓑ 2. ⓔ 3. ⓒ 4. ⓐ 5. ⓓ

Pattern 01 When is …?

…은 언제인가요?

시간, 때, 또는 만기일 등이 언제인지 묻는 질문이다.

Step 1 Basic Pattern 기초 패턴

When is
언제인가요?

your birthday?
생일이

your phone bill due?
전화 요금 납부 기한은

the best time to visit you?
당신을 방문하기에 가장 좋은 시간은

the meeting scheduled for?
예정된 회의가

the last time you met her?
그녀를 마지막으로 만났던 때가

Step 2 Situation Dialog 상황 대화

A When is your graduation date?
B It is next Wednesday.
A I will be there, no matter what.

A 졸업식이 언제지?
B 다음 주 수요일이야.
A 무슨 일이 있어도 꼭 갈게.

*graduation 졸업

Step 3 Exercise 연습 문제

1 체크아웃 시간은 언제인가요? (checkout)

_____

2 다음 가능한 비행편은 언제 있나요? (available)

_____

Answer   1. When is the checkout time? 2. When is the next available flight?

Pattern 02 When are you going to …?

언제 …할 건가요?

예정된 또는 앞으로 행해질 일의 시점을 묻는 질문이다. 미래 조동사 will보다 시간적으로 더 가깝고 구체적으로 결정된 사항에 관해 사용하는 표현이다.

Step 1 Basic Pattern 기초 패턴

When are you going to
언제 … 건가요?

leave?
떠날
meet him?
그를 만날
propose to her?
그녀에게 프로포즈할
come back to Korea?
한국에 돌아올
show me the pictures?
그 사진을 내게 보여줄

Step 2 Situation Dialog 상황 대화

A What a mess! When are you going to clean your room?
B I will do it later, mom. I have to go out in a few minutes.
A You should clean the room first, or you will be grounded.

* ground 외출하지 못하게 하다

A 엉망이구나. 네 방은 언제 치울래?
B 나중에 할게요, 엄마. 곧 외출해야 해요.
A 방부터 먼저 치워, 아니면 외출 금지야.

Step 3 Exercise 연습 문제

1 집에 언제 갈 거니? (home)

2 수도 꼭지는 언제 고칠 건가요? (the water tap)

Answer 1. When are you going to go home? 2. When are you going to fix the water tap?

Pattern 03 When will …?

언제 …하나요?

어떤 사항이나 일이 언제 일어날 것인지 묻는 질문이다. 이미 학습한 be going to … 구문보다는 시간적으로 길고 막연한 사항에 사용한다. 미래조동사 will이 사용된 문장 속에 probably, possibly, 또는 I think 등이 있다고 생각하면 혼동을 피할 수 있다. I will visit you one day. / I am going to visit you on Saturday.

Step 1 Basic Pattern 기초 패턴

When will you be back?
언제 돌아오나요?

you go shopping?
쇼핑을 가나요?

you finish the report?
보고서를 마칠 건가요?

you come back from your trip?
여행에서 돌아옵니까?

the new rules come into effect?
새 규정이 시행됩니까?

* come into effect 시행되다, 발효되다

Step 2 Situation Dialog 상황 대화

A Can I speak to Tom, please?
B I am sorry but he is away on holiday.
A Do you know when he will be back?
B He will probably be back on Friday.

A 톰과 통화할 수 있을까요?
B 미안하지만 그는 휴가 중입니다.
A 그가 언제 돌아오는지 아시나요?
B 아마도 금요일에는 돌아올 겁니다.

Step 3 Exercise 연습 문제

1 회의는 언제 끝납니까? (over)

_____

2 언제 결정을 내릴 건가요? (decision)

_____

Answer 1. When will the meeting be over? 2. When will you make your decision?

Pattern 04 When did ...?

언제 …했나요?

과거에 일어났던 일의 시점을 묻는 질문이다.

Step 1 Basic Pattern 기초 패턴

When did
언제

you come back?
돌아왔어?

you join the army?
갔다 왔나요?

the accident happen?
발생했나요?

you last hear from Min-su?
민수로부터 마지막으로 소식을 들었나요?

you graduate from university?
대학을 졸업했나요?

* Join the army 입대하다

Step 2 Situation Dialog 상황 대화

A When did the train leave?
B It left five minutes ago.
A When is the next train?
B We have to wait for two hours.

A 기차가 언제 떠났어?
B 5분 전에 떠났어.
A 다음 기차는 언제야?
B 두 시간을 기다려야 해.

Step 3 Exercise 연습 문제

1 회의는 언제 시작했나요? (start)

2 지갑을 언제 잃어버렸나요? (wallet)

Answer   1. When did the meeting start? 2. When did you lose your wallet?

Pattern 05 When do you need ...?
언제 …이 필요한가요?

의무 또는 필요에 의해 '…해야 하는 일'에 대한 표현이다. 기한이 정해진 사항에 대한 질문은 by를 사용한다(When do you need ... by? 언제까지 …이 필요하나요?). 부정사를 사용하는 경우 need to를 have to로 바꾸어도 큰 의미의 차이는 없다. need to be there = have to be there

Step 1 Basic Pattern 기초 패턴

When do you need
언제 … 필요한가요?

my help?
나의 도움이

the money?
그 돈이

the report by?
(언제까지) 그 보고서가

to be there by?
(언제까지) 그곳에 도착해야 (하나요?)

the job done by?
(언제까지) 그 일이 끝나야 (하나요?)

* 다섯 번째 문장은 When do you need the job to be done by?의 축약형이다.

Step 2 Situation Dialog 상황 대화

A When do you need to finish the work?
B I have to do it by the end of the month.
A Do you need to extend the deadline?
B No, I don't. I have almost finished.

* extend 넓히다, 연장하다

A 그 일은 언제 끝내야 하나요?
B 이달 말까지 끝내야 합니다.
A 마감 기한 연장이 필요한가요?
B 아닙니다. 거의 끝났습니다.

Step 3 Exercise 연습 문제

1 당신은 그 청구서를 언제 지불해야 하나요? (bill)

2 당신은 언제 워싱턴으로 떠나야 하나요? (leave)

Answer 1. When do you need to pay for the bill? 2. When do you need to leave for Washington?

Pattern 06 When do you want to …?

언제 …하기를 원하나요?

어떤 일이 행해지기를 원하는 시간이 언제인지 묻는 질문이다. '원하다'라는 뜻의 동사 want 대신 '기대하다'의 expect, 또는 '의도하다'의 intend 등으로 바꾸어서 표현할 수 있다. When do you expect to meet him? 그를 언제 만날 것으로 기대하세요? / When do you intend to start the work? 언제 일을 시작할 의향인가요?

Step 1 Basic Pattern 기초 패턴

When do you want to
언제 …를 원하나요?

talk to him?
그에게 말하기
get the result?
결과를 얻기
be home tonight?
오늘 밤 집에 오기
move to New York?
뉴욕으로 이사하기
publish your new novel?
새 소설을 출간하기

* get the result 결과를 얻다 / publish 출간하다

Step 2 Situation Dialog 상황 대화

A When do you want to travel?
B I want to leave on Tuesday.
A When do you intend to return?
B I will be back on Friday.

A 여행은 언제 가기를 원하시나요?
B 화요일에 출발하고 싶습니다.
A 언제 돌아올 의향이신가요?
B 금요일에 돌아올 겁니다.

Step 3 Exercise 연습 문제

1 언제 외출하고 싶은가요? (go out)

_____

2 언제 새 사무실로 이전하기를 원하나요? (move into)

_____

Answer 1. When do you want to go out? 2. When do you want to move into your new office?

Review Exercise

A. 단어의 맞는 뜻을 찾아 연결하시오.

1. extend
2. ground
3. join the army
4. publish
5. come into effect

ⓐ 넓히다
ⓑ 출간하다
ⓒ 시행되다
ⓓ 입대하다
ⓔ 외출을 금지하다

B. 문맥에 알맞은 어구를 찾아 문장을 완성하시오.

1. 언제까지 그 일이 끝나야 하나요?

   When do you _____ the job done by?

2. 회의는 언제로 예정되어 있나요?

   When _____ the meeting scheduled for?

3. 그녀에게 언제 프로포즈 할 건가요?

   When are you _____ propose to her?

4. 새 규정은 언제 시행됩니까?

   When _____ the new rules come into effect ?

5. 오늘 밤은 언제 집에 오기를 원하나요?

   When do you _____ to be home tonight?

ⓐ will
ⓑ need
ⓒ want
ⓓ is
ⓔ going to

C. Speaking Exercise 다음 문장을 영어로 표현하시오.

1. 당신이 오기에 편리한 시간은 언제인가요?

2. 숙제는 언제 끝낼 거야?

3. 그는 언제 사무실로 돌아옵니까?

4. 언제 비가 오기 시작했나요? (begin to rain)

5. 당신은 언제까지 그 결정을 내려야 하나요? (make the decision by)

6. 언제 일을 시작하기를 원하나요?

Unit 23

어디서
Where ...?

Preview

1. 여기가 어딘가요?	**Where am I**?
2. 어디로 가나요?	**Where are you going**?
3. 나를 어디에 데려가는 거니?	**Where are you taking me**?
4. 당신의 사무실은 어디 있나요?	**Where is your office**?
5. 차는 어디에 주차하나요?	**Where do you park your car**?
6. 그 열쇠를 어디서 찾았나요?	**Where did you find the key**?

Preview Exercise

ⓐ are ⓑ do ⓒ going ⓓ did ⓔ taking

1. 어디로 가나요?	Where _____ you go?
2. 프랑스어를 어디서 배웠나요?	Where _____ you learn French?
3. 이 지도에서 우리가 있는 위치는 어딘가요?	Where _____ we on this map?
4. 그 상자들을 어디로 가져가나요?	Where are you _____ the boxes?
5. 오늘 밤은 어디서 지낼 건가요?	Where are you _____ to stay tonight?

1. ⓑ 2. ⓓ 3. ⓐ 4. ⓔ 5. ⓒ

Pattern 01 Where ...?

…가 어디인가요?

Where am I …?나 Where are you …? 구문으로 현재 위치 또는 출신(from) 등을 묻는 표현으로 사용할 수 있다. 그 외에 현재분사 또는 과거분사를 연결시켜 다양한 의미를 나타낼 수 있다.

Step 1 Basic Pattern 기초 패턴

Where 어디인가요?

am I? 여기가
are we on this map? 이 지도에서 우리가 있는 위치가
are you from? 당신의 출신은
are you currently living? 당신이 현재 살고 있는 곳이
are you working at the moment? 당신이 현재 근무하고 있는 곳이

Step 2 Situation Dialog 상황 대화

A Excuse me, can you please tell me where we are?
B We are on Prince Street. Where do you want to go?
A I am looking for the city museum.

* museum 박물관

A 실례지만, 여기가 어딘지 말씀해주시겠어요?
B 여기는 프린스가입니다. 어디로 가시길 원하세요?
A 시립 박물관을 찾고 있습니다.

Step 3 Exercise 연습 문제

1 당신이 있는 위치는 어딘가요? (located)

___

2 어디로 가시나요? (head)

___

Answer 1. Where are you located? 2. Where are you heading? / Where are you headed?

Where are you going to …?

어디서 …을 할 예정인가요?

가까운 미래 또는 예정을 나타내는 be going to 구문에 장소의 의문사 where를 연결시킨 표현이다. 어디서 …을 할 것인지를 묻는 질문이다. 단순 진행형 의문문인 where are you going?과 혼동하지 않도록 한다. Where are you going now? 지금 어디 가는 길인가요?

Step 1 Basic Pattern 기초 패턴

Where are you going to
어디서 … 예정인가요?

meet them?
그들을 만날
move the table?
테이블을 (어디로) 옮길
take her tonight?
오늘 저녁 그녀를 (어디로) 데리고 갈
visit this summer?
이번 여름에는 (어디를) 방문할
stay in Washington?
워싱턴에서는 (어디서) 지낼

Step 2 Situation Dialog 상황 대화

A Where are you going to have lunch today?
B I brought a sandwich. How about you?
A I will go to the staff restaurant.

A 오늘 점심은 어디서 먹을 건가요?
B 샌드위치를 싸왔어요. 당신은요?
A 나는 구내식당에 갈 겁니다.

Step 3 Exercise 연습 문제

1 그녀를 어디서 만날 겁니까? (meet)

_____

2 이번 여름 휴가는 어디로 갈 겁니까? (holidays)

_____

Answer 1. Where are you going to meet her? 2. Where are you going for holidays this summer?

Pattern 03 Where are you taking …?

어디로 …을 가져(데려)가나요?

동사 take는 대상이 사람인 경우 '데려가다' 또는 '모시고 가다'로, 사물인 경우 '가져가다'로 표현한다.

Step 1 Basic Pattern 기초 패턴

Where are you taking
어디로 … 가져(데려)가나요?

me?
나를
us tomorrow?
내일 우리를
the boxes?
그 상자들을
the report?
그 보고서를
these suitcases?
이 여행 가방들을

Step 2 Situation Dialog 상황 대화

A I'm going out with Jessica tonight.
B Where are you taking her?
A We are going to have dinner first and then may be go to the movies.

A 오늘 저녁에 제시카와 외출할 거야.
B 그녀와 어디에 가려고?
A 먼저 저녁 식사를 하고, 그다음엔 영화를 보러 갈까 해.

Step 3 Exercise 연습 문제

1 그 사다리를 어디에 가져가는 건가요? (ladder)

   _____

2 이번 일요일에 아이들을 어디에 데려갈 건가요? (this Sunday)

   _____

Answer   1. Where are you taking that ladder? 2. Where are you taking your children this Sunday?

Pattern 04 Where is …?

…은 어디 있나요?

사람, 장소, 또는 물건을 찾을 때 사용할 수 있는 표현이다.

Step 1 Basic Pattern 기초 패턴

Where is
어디 있나요?

he?
그는
your office?
당신의 사무실은
your suitcase?
당신의 여행 가방은
the rest room?
화장실이
the nearest service station?
가장 가까운 휴게소가

* Service Station (고속도로) 휴게소, 주유소

Step 2 Situation Dialog 상황 대화

A Do you know where James is?
B No, I don't. I haven't seen him today.

A 제임스가 어디 있는지 알아?
B 아니, 몰라. 오늘은 그를 보지 못했어.

Step 3 Exercise 연습 문제

1 우체국은 어디 있나요? (post office)

_____

2 이 근처 가장 가까운 주차장이 어디 있나요? (around here)

_____

Answer 1. Where is the post office? 2. Where is the nearest parking lot around here?

199

Pattern 05: Where do you ...?

어디서 …을 하나요?

어떤 동작이나 상황이 일어나는 장소를 묻는 표현이다.

Step 1 Basic Pattern 기초 패턴

Where do you 어디서 …
- **go?** (어디로) 가나요?
- **park your car?** 차는 (어디에) 주차하나요?
- **currently work at?** 현재 일하고 있나요?
- **dump your waste?** 쓰레기는 (어디다) 버리나요?
- **want the table to go?** 테이블을 (어디에) 두기를 원하나요?

* dump 버리다, 폐기하다 / waste 쓰레기

Step 2 Situation Dialog 상황 대화

A Where do you shop for food?
B I usually go to the supermarket nearby.
A Have you been to a traditional market?
B No, it is too far from my house.

A 음식은 어디서 사나요?
B 주로 근처의 슈퍼마켓에 갑니다.
A 재래시장에 가봤어요?
B 아니요, 우리 집에서 너무 멀어요.

* traditional 전통의, 전통적인

Step 3 Exercise 연습 문제

1 귀중품은 어디에 보관하나요? (valuables)

   _____

2 뉴욕에 오면 주로 어디서 지냅니까? (come to)

   _____

Answer
1. Where do you keep your valuables?
2. Where do you usually stay when you come to New York?

Pattern 06 Where did you …?

어디서 …을 했나요?

과거 어떤 동작이나 상황이 일어났던 장소를 묻는 표현이다.

Step 1 Basic Pattern 기초 패턴

Where did you 어디서 …

- **find the key?** 그 열쇠를 찾았나요?
- **learn French?** 프랑스어를 배웠나요?
- **live last year?** 작년에 살았었나요?
- **buy this sofa set?** 그 소파 세트를 구입했나요?
- **have your hair cut?** 머리를 잘랐나요?

Step 2 Situation Dialog 상황 대화

A Where did you go last night?
B I stayed home all day. Why do you ask?
A Well, Jane told me that she had seen you at the club last night.

A 어젯밤에 어디 갔었어?
B 하루 종일 집에 있었어. 왜 묻는데?
A 글쎄, 제인이 어젯밤에 너를 클럽에서 봤다고 했어.

Step 3 Exercise 연습 문제

1 그 자켓 어디서 샀나요? (buy)

___

2 그녀를 어디서 만났었나요? (meet)

___

Answer 1. Where did you buy the jacket? 2. Where did you meet her?

Review Exercise

A. 단어의 맞는 뜻을 찾아 연결하시오.

1. dump
2. suitcase
3. waste
4. museum
5. service station

ⓐ 박물관
ⓑ 휴게소
ⓒ 여행가방
ⓓ 버리다
ⓔ 쓰레기

B. 문맥에 알맞은 어구를 찾아 문장을 완성하시오.

1. 머리를 어디서 잘랐나요?
   Where _____ you have your hair cut?
2. 테이블을 어디에 두기를 원하나요?
   Where _____ you want the table to go?
3. 가장 가까운 휴게소가 어디 있나요?
   Where _____ the nearest service station?
4. 이 여행 가방들을 어디에 가져갈 건가요?
   Where are you _____ these suitcases?
5. 올해 휴가는 어디로 가나요?
   Where are you _____ on vacation this year?

ⓐ do
ⓑ did
ⓒ taking
ⓓ going
ⓔ is

C. Speaking Exercise 다음 문장을 영어로 표현하시오.

1. 지금 어디 있나요?

2. 음식은 어디에 보관할 건가요? (keep)

3. 강아지를 어디에 데려가는 건가요? (your puppy)

4. 가장 가까운 지하철 역이 어디 있나요?

5. 쇼핑은 주로 어디로 가나요? (usually)

6. 그 소식을 어디서 들었나요?

Unit 24

왜
Why ...?

Preview

1. 왜 웃고 있나요? Why are you smiling?
2. 왜 그렇게 화가 났나요? Why are you so angry?
3. 왜 그렇게 기분이 나빴었나요? Why were you so upset?
4. 왜 그녀를 좋아하니? Why do you like her?
5. 왜 그녀를 만났던 거야? Why did you meet her?
6. 솔직하게 털어놓지 그래? Why don't you level with me?

Preview Exercise

ⓐ did you ⓑ were you so ⓒ are you ⓓ do you ⓔ are you so

1. 왜 나를 쳐다보나요? Why _____ looking at me?
2. 왜 그를 초대했던 거야? Why _____ invite him?
3. 왜 그렇게 긴장하나요? Why _____ nervous?
4. 왜 그렇게 흥분했었나요? Why _____ excited?
5. 왜 나를 하루 종일 따라다니니? Why _____ follow me all day?

1. ⓒ 2. ⓐ 3. ⓔ 4. ⓑ 5. ⓓ

Pattern 01 Why are you …?

왜 …하나요?

현재 어떤 것을 하고 있는 이유를 묻는 질문이다. 예정 또는 가까운 미래를 표현할 때도 진행형을 사용한다. 왜 …하나요? / 왜 …하려고 하나요?

Step 1 Basic Pattern 기초 패턴

Why are you 왜 …

- **smiling?** 웃고 있나요?
- **looking at me?** 나를 쳐다보나요?
- **selling your house?** 집을 팔려고 하나요?
- **asking me such a question?** 내게 그런 질문을 하나요?
- **still hanging around here?** 아직 여기서 서성거리고 있나요?

Step 2 Situation Dialog 상황 대화

A Do you know where Mike is?
B No, I don't. Why are you looking for him?
A I left my car key with him.

A 마이크 어디 있는지 알아?
B 아니, 몰라. 왜 그를 찾는 거니?
A 내 자동차 열쇠를 그에게 맡겨두었거든.

Step 3 Exercise 연습 문제

1 왜 하루 종일 울고 있니? (all day)

___

2 왜 그렇게 시간을 낭비하고 있나요? (waste one's time)

___

Answer 1. Why are you crying all day? 2. Why are you wasting your time like that?

204

Pattern 02 Why are you so ...?

왜 그렇게 …하나요?

이미 학습한 Why are you …? 구문과 마찬가지로 이유를 묻는 질문이다. 부사 so를 사용하여 '그렇게' 또는 '그 정도로'라는 의미가 첨가된다.

Step 1 Basic Pattern 기초 패턴

Why are you so
왜 그렇게 …

angry?
화가 났나요?
nervous?
긴장하나요?
quiet today?
오늘 말이 없나요?
busy these days?
요즘 바쁜가요?
interested in music?
음악에 관심이 많나요?

* nervous 긴장한 / quiet 조용한

Step 2 Situation Dialog 상황 대화

A Why are you so tired today?
B I was working late last night.
A I think you'd better go home early today.
B No, I can't. I still have a lot of work to do.

A 오늘 왜 그렇게 지쳐있나요?
B 어제 밤 늦게까지 일했어요.
A 오늘은 일찍 퇴근하는 게 좋겠어요.
B 그럴 수가 없습니다. 아직 해야 할 일이 많거든요.

Step 3 Exercise 연습 문제

1 오늘 왜 그렇게 기분이 언짢나요? (upset)

_____

2 왜 그렇게 그녀를 걱정하나요? (worry)

_____

Answer   1. Why are you so upset today?   2. Why are you so worried about her?

Pattern 03: Why were you …?

왜 …했나요?

과거 행해졌거나 일어났던 일에 대한 이유를 묻는 질문이다.

Step 1 Basic Pattern 기초 패턴

Why were you 왜 …

- **so upset?** 기분이 나빴었나요?
- **so excited?** 흥분했었나요?
- **so busy last week?** 그렇게 바빴었나요?
- **so late this morning?** 오늘 아침에 그렇게 늦었었나요?
- **absent from the meeting this morning?** 오늘 아침 회의에 참석하지 않았나요?

* upset 속이 상한, 마음이 상한

Step 2 Situation Dialog 상황 대화

A Why were you late this morning?
B I was stuck in traffic.
A You should have started earlier.
B I did, but the road was closed for construction. I had to take a detour.

* detour 우회로, 돌러 가는 길

A 아침에 왜 늦었어?
B 차가 막혔어.
A 좀 더 일찍 출발했어야지.
B 일찍 출발했었지, 하지만 공사 중이라 도로가 막혔었어. 우회로를 타야 했었어.

Step 3 Exercise 연습 문제

1 왜 그렇게 빨리 운전했나요? (drive)

_____

2 왜 그를 병원에 데려갔었나요?

_____

Answer 1. Why were you driving so fast? 2. Why were you taking him to the hospital?

Pattern 04 Why do you …?
왜 …하나요?

행위에 대한 이유를 묻는 질문이다. Why are you −ing?가 순간적인 또는 현재 진행되고 있는 행위에 대한 질문이라면 Why do you …?는 좀 더 일반적이고 지속적인 행위에 대한 질문에 사용된다. 그러나 종종 같은 의미로 사용되기도 하므로, 굳이 그 차이를 구별하려 애쓸 필요는 없다.

Step 1 Basic Pattern 기초 패턴

Why do you | **like her?**
왜 … | 그녀를 좋아하니?
| **follow me all day?**
| 나를 하루 종일 따라다니니?
| **look so tired today?**
| 오늘 피곤해 보이나요?
| **dislike him so much?**
| 그를 그렇게 싫어하니?
| **need such a large amount of money?**
| 그렇게 많은 액수의 돈이 필요한가요?

Step 2 Situation Dialog 상황 대화

A Are you busy now?
B Not really. Why do you ask?
A I need your help to do this work.

A 지금 바빠?
B 그렇진 않아. 왜 묻는데?
A 이 일을 하기 위해 네 도움이 필요해.

Step 3 Exercise 연습 문제

1 왜 그를 항상 믿나요? (trust)

   _____

2 그 일을 하는데 왜 그의 허락이 필요한가요? (permission)

   _____

Answer 1. Why do you always trust him? 2. Why do you need his permission to do that?

Pattern 05: Why did you ...?

왜 …했었나요?

과거 행위에 대한 이유를 묻는 질문이다.

Step 1 | Basic Pattern | 기초 패턴

Why did you 왜 …

meet her?
그녀를 만났던 거야?

invite him?
그를 초대했던 거야?

quit your job?
직장을 그만두었나요?

come so early?
그렇게 일찍 왔었나요?

come home so late last night?
어제 집에 그렇게 늦게 들어왔지?

*quit 그만두다

Step 2 | Situation Dialog | 상황 대화

A Why did you stay up late last night?
B I had to finish my report.

*stay up late 늦게까지 자지 않다

A 왜 어젯밤 늦게까지 자지 않고 있었지?
B 리포트를 끝냈어야 했거든.

Step 3 | Exercise | 연습 문제

1 왜 그들을 보내주었나요? (let someone go)

_____

2 왜 꽃을 샀었나요? (flowers)

_____

Answer 1. Why did you let them go? 2. Why did you buy the flowers?

Pattern 06

Why don't we ...? …하는 것이 어때요?
Why don't you ...? …하는 것이 어때요?

Why로 시작하는 의문문이지만 질문이라기보다는 권유나 제안을 하는 문장으로 사용된다.

Step 1 Basic Pattern 기초 패턴

Why don't we
… 어때요?

- **call a cab?**
  택시를 부르는 게
- **move to a quiet place?**
  조용한 곳으로 가는 게

Why don't you
… 어때요?

- **level with me?**
  솔직하게 털어놓는 게
- **go home and take some rest?**
  집에 가서 좀 쉬는 게
- **bring up the agenda at the next meeting?**
  그 안건은 다음 회의에서 제기하는 게

* cab 택시 / agenda 안건

Step 2 Situation Dialog 상황 대화

A The weather is very nice today.
B Yes, it really is. Why don't we go out for a walk together?
A That sounds great!

A 오늘 날씨가 너무 좋아.
B 정말 그렇군. 함께 산책이나 갈까?
A 좋은 생각이야.

Step 3 Exercise 연습 문제

1 잠시 들어오지 않겠어요? (come in)

_____

2 한 번 더 시도해보지 않겠어요? (one more time)

_____

Answer 1. Why don't you come in for a minute? 2. Why don't you try it one more time?

Review Exercise

A. 단어의 맞는 뜻을 찾아 연결하시오.

1. cab
2. quit
3. agenda
4. upset
5. console

ⓐ 안건
ⓑ 택시
ⓒ 속이 상한
ⓓ 위로하다
ⓔ 그만두다

B. 문맥에 알맞은 어구를 찾아 문장을 완성하시오.

1. 왜 직장을 그만두었나요?

   Why _____ quit your job?

2. 왜 내게 그런 질문을 하나요?

   Why _____ asking me such a question?

3. 요즘 왜 그렇게 바쁜가요?

   Why _____ busy these days?

4. 왜 오늘 아침에 그렇게 늦었었나요?

   Why _____ so late this morning?

5. 조용한 곳으로 가는 것이 어떨까요?

   Why _____ move to a quiet place?

ⓐ were you
ⓑ are you so
ⓒ don't we
ⓓ are you
ⓔ did you

C. Speaking Exercise 다음 문장을 영어로 표현하시오.

1. 왜 그렇게 행동하나요?

2. 왜 매사에 그렇게 호기심이 많나요? (curious about)

3. 어제 왜 학교를 결석했지?

4. 왜 그렇게 겁에 질려 있나요?

5. 당신은 왜 요리사가 되었나요?

6. 나와 커피 한잔하지 않겠어요? (join me for)

Unit 25

어떻게 / 얼마나
How ...?

Preview

1. 이 장소는 마음에 드나요? — How do you like this place?
2. 이 장소를 어떻게 찾았나요? — How did you find this place?
3. 테니스는 얼마나 자주 치세요? — How often do you play tennis?
4. 호텔까지 가는 데 얼마나 걸리나요? — How long does it take to go to the hotel?
5. 복사본이 몇 부 필요한가요? — How many copies do you need?
6. 얼마를 지불하면 되나요? — How much do I owe you?

Preview Exercise

ⓐ many ⓑ did you ⓒ long ⓓ do you like ⓔ often

1. 여기 음식은 입에 맞나요? — How _____ the food here?
2. 그 문제를 어떻게 해결했나요? — How _____ solve that problem?
3. 이것은 얼마나 자주 발생합니까? — How _____ does this happen?
4. 하루에 달걀을 몇 개 먹나요? — How _____ eggs do you eat a day?
5. 보고서를 끝내는 데 얼마나 걸리나요? — How _____ does it take to finish the report?

1. ⓓ 2. ⓑ 3. ⓔ 4. ⓐ 5. ⓒ

Pattern 01 How do you like …?

…은 어떤가요?

'…은 어떤가' 또는 '…은 마음에 드는가'를 묻는 질문이다. 대상은 사람, 사물, 장소, 업무, 또는 환경 등이 될 수 있다. How do you like …? 의문문은 '지금 …하고 있는 것이 어떤지' 묻는 질문과, '앞으로 …하는 것이 어때?'라는 제안의 표현이 될 수도 있다. 두 가지 해석이 모두 가능하므로 정확한 의미는 문맥에서 찾아야 한다.

Step 1 Basic Pattern 기초 패턴

How do you like
… 어떤가요?

this place?
이 장소는

the food here?
여기 음식은

my suggestion?
나의 제안은

your work so far?
지금까지 일은

your steak?
스테이크를 (어떻게 요리해드릴까요?)

Step 2 Situation Dialog 상황 대화

A How do you like your new apartment?
B It is modern and spacious. I like it very much.

* spacious 넓은

A 새로 이사한 아파트는 어때요?
B 현대식이고 넓어요. 아주 마음에 듭니다.

Step 3 Exercise 연습 문제

1 새로 산 자전거는 마음에 드니? (bicycle)
___

2 새 직장에서의 일은 어떤가요? (a new place)
___

Answer 1. How do you like your new bicycle? 2. How do you like working at a new place?

Pattern 02 How did you …?

어떻게 …했었나요?

과거 행해진 일에 대한 방법 또는 경로를 묻는 질문이다.

Step 1 Basic Pattern 기초 패턴

How did you 어떻게 …

find this place?
이 장소를 찾았나요?

solve that problem?
그 문제를 해결했나요?

spend your holidays?
휴가를 보냈나요?

hear about the news?
그 소식을 들었나요?

know that today was my birthday?
오늘이 내 생일인 것을 알았나요?

Step 2 Situation Dialog 상황 대화

A Congratulations on your promotion!
B Thank you, but how did you know that?
A Jake told me this morning.

* promotion 승진

A 승진을 축하해요.
B 고마워요. 그런데 그것을 어떻게 알았어요?
A 오늘 아침에 제이크가 말해주었어요.

Step 3 Exercise 연습 문제

1 주말은 어떻게 보냈나요? (weekend)

_____

2 그의 사고 소식을 어떻게 들었나요? (accident)

_____

Answer 1. How did you spend your weekend? 2. How did you hear about his accident?

Pattern 03 How often ...?

얼마나 자주 …인가요?

어떤 일이나 행위가 얼마나 자주 반복되는지에 관한 빈도 수를 묻는 질문이다.

Step 1 Basic Pattern 기초 패턴

How often
얼마나 자주 …

does this happen?
이것이 발생합니까?

do you play tennis?
테니스를 치세요?

do you go shopping?
쇼핑을 가세요?

should I take this medicine?
이 약을 먹어야 하나요?

do we have to exercise a week?
우리는 일주일에 (얼마나 자주) 운동을 해야 하나요?

Step 2 Situation Dialog 상황 대화

A How often do you go to the movies?
B I don't go to the movies very often.
A When was the last time you went to the cinema?
B It was two months ago.

A 영화는 얼마나 자주 보러 가나요?
B 그렇게 자주 가지는 않습니다.
A 마지막으로 극장에 간 것이 언제인가요?
B 두 달 전입니다.

Step 3 Exercise 연습 문제

1 패스트푸드는 얼마나 자주 먹나요? (eat)

_____

2 공항 리무진은 얼마나 자주 운행되나요? (operate)

_____

Answer 1. How often do you eat fast food? 2. How often does the airport limousine operate?

Pattern 04 How long does it take to …?
…하는 데 얼마나 오래 걸리나요?

어떤 일을 하는 데 걸리는 기간 또는 어떤 장소까지 가는 데 걸리는 시간 등을 묻는 질문이다.

Step 1 Basic Pattern 기초 패턴

How long does it take to
얼마나 오래 걸리나요?

get there?
그곳에 가는 데
go to the hotel?
호텔까지 가는 데
finish the report?
보고서를 끝내는 데
reach the top of the mountain?
산꼭대기에 도달하는 데
complete the construction work?
건설 공사를 완성하는 데

* reach 도달하다 / complete 완성하다 / construction 건설

Step 2 Situation Dialog 상황 대화

A Is the city hall far from here?
B No, it is within walking distance.
A How long does it take to get there on foot?

A 여기서 시청이 먼가요?
B 아니요, 걸어서 갈 수 있습니다.
A 걸어서 그곳까지 가는 데 얼마나 걸리나요?

Step 3 Exercise 연습 문제

1 1마일 조깅을 하는 데 시간이 얼마나 걸리나요?

_____

2 집 한 채를 짓는 데 얼마나 걸리나요?

_____

Answer 1. How long does it take to jog a mile? 2. How long does it take to build a house?

Pattern 05 How many …?

(수가) 얼마나 … 되나요?

가산 명사 즉, 셀 수 있는 명사의 수를 묻는 질문이다.

Step 1 Basic Pattern 기초 패턴

How many (수가) 얼마나

copies do you need?
복사본이 필요한가요?

eggs do you eat a day?
하루에 달걀을 (몇 개) 먹나요?

tickets do you want to buy?
티켓을 사기를 원하십니까?

times a day should I feed the bird?
새에게 먹이를 (하루에 몇 번) 주어야 합니까?

people will be coming to the party?
파티에 (몇 사람이) 올 건가요?

Step 2 Situation Dialog 상황 대화

A How many cups of coffee do you drink a day?
B I drink one or two cup of coffee a day. I made it a rule to drink no more than that.

A 하루에 커피를 몇 잔이나 마십니까?
B 하루에 한 잔 또는 두 잔을 마십니다. 그 이상 마시지 않는 것을 규칙으로 정하고 있습니다.

Step 3 Exercise 연습 문제

1 스터디 그룹에는 몇 사람이 있나요? (study group)

___

2 이 사업을 몇 년 동안 하셨나요? (be in this business)

___

Answer
1. How many people are there in the study group?
2. How many years have you been in this business?

Pattern 06 How much …?
(양이) 얼마나 … 되나요?

양을 묻는 질문이다. 무게나 가격 또는 그외 물질 명사의 양을 측정하고자 할 때 사용하는 표현이다.

Step 1 Basic Pattern 기초 패턴

How much
(양이) 얼마나

time is left?
시간이 남았나요?
do I owe you?
지불하면 되나요?
time do you need?
시간이 필요한가요?
do you drink a week?
일주일에 술을 (얼마나) 마시나요?
money do I need to open a restaurant?
식당을 개업하려면 금액이 (얼마나) 필요한가요?

＊ owe 빚을 지다, 신세를 지다

Step 2 Situation Dialog 상황 대화

A I'd like to buy this sofa set. How much is the price?*
B The price for the sofa set is $1000, but there's a discount of 20% on furniture.
A That's great. I will take it. Where can I pay?

＊ furniture 가구

A 이 소파 세트를 사고 싶습니다. 가격이 얼만가요?
B 그 소파 세트는 1000달러입니다. 하지만 가구에 대해 20% 할인을 하고 있습니다.
A 잘됐네요. 구입하겠습니다. 어디서 지불할까요?

＊ 가격을 묻는 질문은 이 외에도 여러 가지 표현들이 있다:
How much is it? / How much does it cost? / How much should I pay?

Step 3 Exercise 연습 문제

1 얼마를 지불했나요? (did)
_____

2 하루에 물을 얼마나 마시나요? (a day)
_____

Answer 1. How much did you pay? 2. How much water do you drink a day?

Unit 25

Review Exercise

A. 단어의 맞는 뜻을 찾아 연결하시오.

1. owe
2. complete
3. spacious
4. promotion
5. construction

ⓐ 넓은
ⓑ 건설
ⓒ 승진
ⓓ 완성하다
ⓔ 신세를 지다

B. 문맥에 알맞은 어구를 찾아 문장을 완성하시오.

1. 나의 제안은 어떤가요?
   _____ like my suggestion?
2. 그 소식을 어떻게 들었나요?
   _____ hear about the news?
3. 이 약은 얼마나 자주 먹어야 하나요?
   _____ should I take this medicine?
4. 산꼭대기에 도달하는 데 얼마나 걸리나요?
   _____ does it take to reach the top of the mountain?
5. 새에게 먹이를 하루에 몇 번 주어야 합니까?
   _____ a day should I feed the bird?

ⓐ How often
ⓑ How long
ⓒ How do you
ⓓ How did you
ⓔ How many times

C. Speaking Exercise 다음 문장을 영어로 표현하시오.

1. 도쿄의 생활은 어떻습니까?

2. 내가 여기 있는 줄 어떻게 알았나요?

3. 업무상의 여행은 얼마나 자주 가나요?

4. 여기서 공항까지 얼마나 걸리나요?

5. 하루에 양치질을 몇 번 하나요?

6. LA에서 라스베이거스까지 왕복 티켓 가격은 얼마인가요?

Part 3 Answer

Unit 20 p178
A. 1. ⓑ 2. ⓔ 3. ⓐ 4. ⓒ 5. ⓓ
B. 1. ⓒ 2. ⓓ 3. ⓔ 4. ⓐ 5. ⓑ
C. 1. Who is responsible for the accident?
   2. Who does the suitcase belong to? (목적어)
   3. Who will take care of your dog while you are away?
   4. Whose proposal should we accept?
   5. Which country are you going to visit this summer?
   6. Which do you prefer, meat or fish?

Unit 21 p186
A. 1. ⓒ 2. ⓑ 3. ⓐ 4. ⓔ 5. ⓓ
B. 1. ⓑ 2. ⓓ 3. ⓔ 4. ⓒ 5. ⓐ
C. 1. What is your favorite scene in the movie?
   2. What are you going to do with these boxes?
   3. What are you trying to prove to them?
   4. What do you want to do with the prize money?
   5. What do you think of taking swimming lessons this summer?
   6. What makes you think we will agree with your plan?

Unit 22 p194
A. 1. ⓐ 2. ⓔ 3. ⓓ 4. ⓑ 5. ⓒ
B. 1. ⓑ 2. ⓓ 3. ⓔ 4. ⓐ 5. ⓒ
C. 1. When is a convenient time for you to come?
   2. When are you going to finish your homework?
   3. When will he back to his office?
   4. When did it begin to rain?
   5. When do you need to make the decision by?
   6. When do you want to start working?

Unit 23 p202
A. 1. ⓓ 2. ⓒ 3. ⓔ 4. ⓐ 5. ⓑ
B. 1. ⓑ 2. ⓓ 3. ⓔ 4. ⓒ 5. ⓐ
C. 1. Where are you right now? / Where are you at the moment?
   2. Where are you going to keep the food?
   3. Where are you taking your puppy?
   4. Where is the nearest subway station?
   5. Where do you usually go shopping?
   6. Where did you hear the news?

Unit 24 p210
A. 1. ⓑ 2. ⓔ 3. ⓐ 4. ⓒ 5. ⓓ
B. 1. ⓔ 2. ⓓ 3. ⓑ 4. ⓐ 5. ⓒ
C. 1. Why are you acting like that?
   2. Why are you so curious about everything?
   3. Why were you absent from school yesterday?
   4. Why do you look so scared?
   5. Why did you become a chef?
   6. Why don't you join me for a cup of coffee?

Unit 25 p218
A. 1. ⓔ 2. ⓓ 3. ⓐ 4. ⓒ 5. ⓑ
B. 1. ⓒ 2. ⓓ 3. ⓐ 4. ⓑ 5. ⓔ
C. 1. How do you like living in Tokyo?
   2. How did you know that I was here?
   3. How often do you travel on business?
   4. How long does it take from here to the airport?
   5. How many times a day do you brush your teeth?
   6. How much is a round-trip ticket from Los Angeles to Las Vegas?

Part 4

비인칭주어 및 지시대명사: It, There, This & That

날씨, 시각 또는 거리 등을 표현할 때 형식상의 주어인 비인칭주어 it을 사용한다. there도 형식상의 주어에 속한다. 그외 this, that 등 지시대명사를 이용한 표현도 이 part에서 함께 다룬다.

① 시간, 거리, 날씨 등 막연한 상황에 사용하는 형식상의 주어 it
It looks like snow. 비가 올 것 같아요.
It won't take long. 오래 걸리진 않을 겁니다.
It is worth listening to. 귀를 기울일 가치가 있다.

② 형식상의 주어로 사용되는 부사 there
There is no doubt. 의심의 여지가 없다.
There must be a solution. 분명히 해결책이 있을 것이다.
There will be a few change in the plan. 계획에 몇 가지 변경이 있을 것이다.

③ 지시대명사 this 또는 that
This is my house. 이곳이 나의 집입니다.
This is not fair. 이것은 공평하지 않습니다.
That's all I remember. 그것이 내가 기억하는 전부입니다.
That sounds too complicated. 그것은 너무 복잡하군요.

Unit 26

형식상의 주어 It
It looks ... / It is worth ... / It is easy ... / It is no use ...

Preview

1. 비가 올 것 같아요. It looks like snow.
2. 모험을 할 가치가 있습니다. It is worth the risk.
3. 그것은 모험을 해볼 만한 가치가 없습니다. It is not worth taking a risk.
4. 수영을 배우기는 쉽습니다. It is easy to learn how to swim.
5. 모든 사람을 만족시키기는 힘듭니다. It is hard to satisfy everyone.
6. 그것에 관해 논쟁해도 소용없습니다. It is no use arguing about it.

Preview Exercise

ⓐ easy ⓑ hard ⓒ use ⓓ looks ⓔ worth

1. 꽤 괜찮아 보여요. It ____ quite nice.
2. 시도할 만한 가치가 있습니다. It is ____ a try.
3. 우리 집은 찾기가 쉽습니다. It is ____ to find my house.
4. 그 이야기는 믿기가 어렵습니다. It is ____ to believe the story.
5. 자신을 변명하려 해도 소용없습니다. It is no ____ trying to excuse yourself.

1. ⓓ 2. ⓔ 3. ⓐ 4. ⓑ 5. ⓒ

Pattern 01 It looks …
…로 보인다

동사 look은 뒤에 형용사가 오면 '… 보인다'라는 의미가 된다. 뒤에 like와 연결되면 '…한 것 같다' 또는 '…처럼 보이다'라는 의미를 갖는다. 유사한 동사들로 seem과 appear가 있다.

Step 1 Basic Pattern 기초 패턴

It looks
… 보입니다

- **quite nice.**
  꽤 괜찮아
- **like snow.**
  비가 올 것처럼
- **like a tool box.**
  공구 상자처럼
- **like you have a bad cold.**
  당신은 독감에 걸린 것처럼
- **like my computer has been infected.**
  내 컴퓨터가 감염된 것처럼

*infect 감염시키다, 오염시키다

Step 2 Situation Dialog 상황 대화

A It looks like the elevator is out of order. What should we do?
B Why don't we take the stairs?
A Do you know we have to walk up to the forty fifth floor?

A 엘리베이트가 고장 난 것 같아. 어떻게 해야 되지?
B 계단으로 가는 건 어때?
A 45층까지 올라가야 하는 것을 알고 있어?

Step 3 Exercise 연습 문제

1 그것은 짝퉁처럼 보여요. (fake)

_____

2 비가 금방이라도 올 것 같아요. (rain)

_____

Answer 1. It looks like a fake. 2. It looks like rain at any moment.

It is worth ...

…할 가치가 있다

명사, 대명사, 또는 동사-ing 앞에 위치해서 '…해볼 만한' 또는 '…할 가치가 있는'의 의미를 나타낸다. It 자리에 다른 주어가 들어가면 그 주어가 …할 가치가 있다는 의미가 된다.

Step 1 Basic Pattern 기초 패턴

It is worth
… 가치가 있습니다

a try.
시도할 만한

the risk.
모험을 할

listening to.
귀를 기울일

reading again.
다시 읽을

visiting more than once.
한 번 이상 방문할

Step 2 Situation Dialog 상황 대화

A How was your trip?
B It cost a lot but it was worth every penny.

A 여행은 어땠나요?
B 비용이 많이 들긴 했었지만 그만큼 가치가 있었어요.

* cost 비용이 들다

Step 3 Exercise 연습 문제

1 그것은 백만 달러 이상의 가치가 있습니다. (million)

_____

2 그 마을은 최소한 한 번은 방문할 가치가 있습니다. (at least)

_____

Answer 1. It is worth over a million dollars. 2. The village is worth visiting at least once.

Pattern 03 It is not worth …
…할 가치가 없다

It is worth …의 부정 구문으로 '…할 가치가 없다'는 의미를 표현한다.

Step 1　Basic Pattern　기초 패턴

It is not worth
그것은 … 가치가 없습니다

anything.
아무
taking a risk.
모험을 해볼 만한
consideration.
고려할 만한
talking about.
논의할
the money I paid for.
내가 지불한 금액만큼의

Step 2　Situation Dialog　상황 대화

A Have you read the book?
B I read the first few pages and stopped.
A What was the reason?
B I thought it was not worth reading any further.

A 그 책 읽었어?
B 처음 몇 페이지 읽다가 그만두었어.
A 이유가 뭐였어?
B 더 이상 읽을 만한 가치가 없다고 생각했어.

Step 3　Exercise　연습 문제

1 그것은 네가 시간을 낼 가치가 없어. (your time)

　_____

2 그것은 수고할 만한 가치가 없어. (the trouble)

　_____

Answer　1. It is not worth your time.　2. It is not worth the trouble.

Pattern 04 It is easy to …

…하기가 쉽다

전형적인 부정사 구문 중의 하나이다. 부정사 to 다음에 동사원형을 사용한다. 부정사의 의미상의 주어는 전치사 〈for + 목적어〉 형태를 취한다. … for me to find / … for you to read 등

Step 1 Basic Pattern 기초 패턴

It is easy to
… 쉽습니다

find my house.
우리 집은 찾기가
learn how to swim.
수영을 배우기는
understand what he says.
그가 하는 말은 이해하기가
make a sandwich at home.
집에서 샌드위치를 만드는 것은
rebuke others for their mistakes.
다른 사람들의 실수를 비난하는 것은

* rebuke 꾸짖다, 질책하다

Step 2 Situation Dialog 상황 대화

A How was your math test?
B I think I did well. I found it easy to answer the questions.
A I think it's because you prepared well for the test.

* prepare 준비하다

A 수학 시험은 어땠어?
B 잘한 것 같아. 질문에 답하는 것이 쉬웠어.
A 그것은 네가 시험 준비를 잘했기 때문일 거야.

Step 3 Exercise 연습 문제

1 변명거리를 찾는 것은 쉽습니다. (excuses)

　_____

2 그 책은 읽기가 쉽습니다. (book)

　_____

Answer 1. It is easy to find excuses. 2. I found it easy to read the book.

Pattern 05

It is hard to ... …하기가 어렵다
It is difficult to ... …하기가 어렵다

'…하기 힘들다' 또는 '…하기 어렵다'는 의미로 문장 구조는 It is easy to …와 같은 부정사 구문이다.

Step 1 Basic Pattern 기초 패턴

It is hard to
어렵습니다

satisfy everyone.
모든 사람을 만족시키기는
believe the story.
그 이야기는 믿기가
tell which is genuine.
어느 것이 진품인지 구별하기

It is difficult to
어렵습니다

tell whose fault it is.
누구의 잘못인지 말하기는
say how it will turn out.
결과가 어떻게 될지 말하기는

* genuine 진품의 / turn out 나타나다, 모습을 드러내다

Step 2 Situation Dialog 상황 대화

A Have you talked to Tom?
B Yes, I have but it was really hard to persuade him.
A I know what you mean. He is so stubborn.

* stubborn 완고한, 고집센

A 톰에게 이야기해봤어?
B 응, 말했지 그런데 그를 설득하기가 정말 어려웠어.
A 무슨 말인지 알겠어. 그는 정말 고집이 세거든.

Step 3 Exercise 연습 문제

1 설명하기가 어렵습니다. (explain)

_____

2 그런 어려움은 극복하기가 어려울 것입니다. (such a difficulty)

_____

Answer 1. It is hard to explain. 2. It would be hard to overcome such a difficulty.

Pattern 06 It is no use …

… 해도 소용이 없다

It is no use 다음에 동사-ing, 또는 〈to + 동사원형〉 둘 다 사용할 수 있다. It is of no use …로 표현하기도 한다.

Step 1 Basic Pattern 기초 패턴

It is no use
소용없습니다

arguing about it.
그것에 관해 논쟁해도

trying to excuse yourself.
자신을 변명하려 해도

reasoning with such a person.
그런 사람과 이치를 따져봐야

denying your connection with him.
당신이 그와의 관계를 부정해도

regretting what you have done in the past.
과거에 행한 일을 후회해도

* reason 추리하다, 추론하다 / regret 후회하다

Step 2 Situation Dialog 상황 대화

A I am afraid I have to turn down the offer.
B Why don't you give it a second thought?
A It is no use trying to persuade me. I won't change my mind.

A 안됐지만 그 제안을 거절해야겠군요.
B 다시 한 번 더 생각해보시지 않겠어요?
A 나를 설득하려 해도 소용없어요. 나는 생각을 바꾸지 않을 겁니다.

Step 3 Exercise 연습 문제

1 그를 멈추려 해도 소용없어요. (stop)

___

2 당신의 결정을 후회해도 소용이 없어요. (regret)

___

Answer 1. It is no use trying to stop him. 2. It is no use regretting your decision.

Review Exercise

A. 단어의 맞은 뜻을 찾아 연결하시오.

1. infect
2. rebuke
3. genuine
4. reason
5. stubborn

ⓐ 진품의
ⓑ 완고한
ⓒ 질책하다
ⓓ 추론하다
ⓔ 감염시키다

B. 문맥에 알맞은 어구를 찾아 문장을 완성하시오.

1. 귀를 기울일 가치가 있습니다.
   _____ listening to.
2. 당신은 독감에 걸린 것 같군요.
   _____ you have a bad cold.
3. 그가 하는 말은 이해하기가 쉽습니다.
   _____ understand what he says.
4. 누구의 잘못인지 말하기는 어렵습니다.
   _____ tell whose fault it is.
5. 그런 사람과 이치를 따져봐야 소용없어요.
   _____ reasoning with such a person.

ⓐ It is easy to
ⓑ It is no use
ⓒ It is worth
ⓓ It looks like
ⓔ It is difficult to

C. Speaking Exercise 다음 문장을 영어로 표현하시오.

1. 저 팀이 이길 수 있는 기회는 거의 없는 것 같아. (little chance of winning)

2. 그것은 자세히 조사할 필요가 있어. (scrutinize / in detail)

3. 그들의 서비스는 그들이 내게 부과한 금액만큼의 가치가 없었습니다. (charge)

4. 이 장난감은 조립하기가 쉽습니다. (assemble)

5. 컴퓨터가 없는 생활은 상상하기 어렵습니다.

6. 당신이 그것에 관해 아무것도 모르는 척해도 소용없어요. (pretend)

Unit 27

시간 및 상황의 It
It takes ... / It depends ... / It is time to ...

Preview

1. 시간이 오래 걸립니다. — It takes long.
2. 그가 누군가에 달려 있습니다. — It depends on who it is.
3. 그것은 사실로 밝혀졌습니다. — It turned out to be true.
4. 이제 떠나야 할 시간입니다. — It is time to leave.
5. 조금 무섭습니다. — It is a little scary.
6. 너무 늦었습니다. — It is too late.

Preview Exercise

ⓐ is　ⓑ make　ⓒ takes　ⓓ turned　ⓔ depends

1. 30분 걸려요. — It _____ half an hour.
2. 조금 이상합니다.. — It _____ a little weird.
3. 그것은 거짓으로 밝혀졌습니다. — It _____ out to be false.
4. 그것은 당신의 노력에 달려 있습니다. — It _____ on your efforts.
5. 이제 결정을 내려야 할 시간입니다. — It is time to _____ a decision.

1. ⓒ　2. ⓐ　3. ⓓ　4. ⓔ　5. ⓑ

Pattern 01 | It takes ...
…가 걸린다

시간 또는 기간에 대한 표현이다. 시제에 따라 It takes … / It will take … / It took …로 나타낸다. 대략적인 또는 어림잡은 수치를 말할 때는 about(약), approximately(대략), roughly(대충) 등의 표현을 함께 사용한다. It took longer than I expected. 내가 예상했던 것보다 시간이 오래 걸렸다.

Step 1 | Basic Pattern | 기초 패턴

It takes
시간이 … 걸립니다

long.
오래
half an hour.
30분
some time.
좀
about 40 minutes.
약 40분
a long time for me to learn a new thing.
새로운 것을 배우는 데 오래

*expect 기대하다, 예상하다

Step 2 | Situation Dialog | 상황 대화

A How long does it take to get to the airport from here?
B It takes about 30 minutes to get there.

A 여기서 공항까지 얼마나 걸리나요?
B 그곳까지 가려면 약 30분 걸립니다.

Step 3 | Exercise | 연습 문제

1 그 식물은 기르는 데 시간이 많이 걸립니다. (plant)

_____

2 그 보고서를 끝내는 데 거의 3일이 걸렸습니다. (finish)

_____

Answer   1. It takes a long time to grow the plant. 2. It took me almost three days to finish the report.

Pattern 02 It depends on ...
…에 달려 있다

'…에 달려 있다, …에 좌우된다'는 의미로 사용되는 표현이다. 전치사는 on 대신 upon을 사용해도 좋다.

Step 1 Basic Pattern 기초 패턴

It depends on
그것은 …에 달려 있습니다

who it is.
그가 누군가
what it is.
그것이 무엇인가
your efforts.
당신의 노력
your decision.
당신의 결정
how much you pay.
당신이 얼마를 지불하는가

* decision 결정

Step 2 Situation Dialog 상황 대화

A Do you like watching movies?
B It depends on what kind of movies it is.

A 영화 보는 것 좋아해?
B 어떤 영화인가에 달려 있어.

Step 3 Exercise 연습 문제

1 그것은 내일 날씨에 달려 있어. (tomorrow)

_____

2 그것은 그날의 교통 상황에 달려 있어. (on the day)

_____

Answer 1. It depends on the weather tomorrow. 2. It depends on the traffic on the day.

Pattern 03 It turned out …

…라고 밝혀졌다

직역을 하면 turn out은 '모습을 드러내다' 또는 '…로 나타나다'라는 의미이다. 연결되는 어구는 부정사 to … 또는 관계사절 that … 구문을 사용할 수 있다.

Step 1 Basic Pattern 기초 패턴

It turned out
그것은 … 밝혀졌습니다

to be true.
사실로
to be false.
거짓으로
to be a false rumor.
거짓 소문으로
exactly as I expected.
정확히 내가 예상했던 대로
that everyone was safe.
모든 사람들이 안전한 것으로

* rumor 소문 / safe 안전한

Step 2 Situation Dialog 상황 대화

A I got a health check last week.
B Have you got the result?
A It turned out everything is fine.

A 지난주 건강 검진을 받았어.
B 결과가 나왔어?
A 다 괜찮다고 나왔어.

Step 3 Exercise 연습 문제

1 그것은 무해한 것으로 밝혀졌습니다. (harmless)

_____

2 지난주 그는 출장 중이었던 것으로 밝혀졌습니다. (out of town)

_____

Answer 1. It turned out to be totally harmless. 2. It turned out he was out of town last week.

Pattern 04 It is time to/that ...
…할 시간이다

It is time to …는 동사원형, It is time that …은 과거형 동사를 포함한 절을 사용한다. that은 생략 가능하다. …할 시간이다; …했을 시간이다; 왜 아직 … 안 하고 있지? 등으로 해석할 수 있다.

Step 1 Basic Pattern 기초 패턴

It is time
… 시간입니다

to leave.
이제 떠나야 할
to go to bed.
이제 잠자러 가야 할
to make a decision.
이제 결정을 내려야 할
to stop wasting time.
이제 시간 낭비를 멈추어야 할
that we put an end to this problem.
이제 이 문제를 끝내야 할

* waste v. 낭비하다; n. 쓰레기, 폐기물 / put an end 끝내다, 종식시키다

Step 2 Situation Dialog 상황 대화

A What time is it?
B It is well past midnight.
A Is it that late already? It is time we went home.

A 몇 시야?
B 자정이 훨씬 넘었어.
A 벌써 그렇게 됐어? 이제 집에 가야 할 시간이야.

Step 3 Exercise 연습 문제

1 휴식을 취해야 할 시간입니다. (take a break)

_____

2 현실을 직시해야 할 시간입니다. (look at the realities)

_____

Answer 1. It is time to take a break 2. It is time to look at the realities.

Pattern 05

It is a little ... 조금(다소) ...하다
It is a bit ... 조금(다소) ...하다

'약간, 조금' 또는 '다소'란 의미로 a little이나 a bit을 사용한다. 사람이나 인칭대명사가 주어인 문장에도 사용할 수 있다. 부정문에 사용되었을 때는 '조금도, 전혀' 등의 의미를 갖는다. is 대신 look, sound 등의 동사가 사용되면 '다소 ...하게 보인다', '다소 ...하게 들린다'가 된다.

Step 1 Basic Pattern 기초 패턴

It is a little weird.
조금 ...   이상합니다.
                  scary.
                  무섭습니다.
                  chilly outside.
                  바깥이 춥습니다.

It is a bit   confusing to me.
다소 ...   나에게는 혼란스럽습니다.
                  way aside from our subject.
                  우리 주제에서 벗어납니다.

* weird 기이한, 기묘한 / scary 무서운

Step 2 Situation Dialog 상황 대화

A Are you going out today?
B I think I have to. How is the weather?
A It is a little chilly outside. You need to wear long sleeves if you are going out.

* chilly 쌀쌀한 / long sleeves 소매가 긴 옷

A 오늘 외출할 거야?
B 그래야 할 것 같아. 날씨는 어때?
A 밖은 조금 쌀쌀해. 외출하려면 긴 옷을 입어야 할 거야.

Step 3 Exercise 연습 문제

1 그는 조금 취기가 돌았습니다. (tipsy)

_____

2 나는 지금 조금 바쁩니다. (busy)

_____

* tipsy 술이 약간 취한

Answer 1. He is a little tipsy. 2. I am a little busy now.

Pattern 06 It is too ...

너무 …하다

'너무 …한' 또는 '지나치게 …한'의 의미로, 〈too + 형용사〉 또는 〈too + 형용사 + to 동사원형〉의 문장 구조를 취한다.

Step 1 Basic Pattern 기초 패턴

It is too late.
너무 … 늦었습니다.
large.
큽니다.
expensive.
비쌉니다.
complicated.
복잡합니다.
early to predict a result.
결과를 예측하기에는 이릅니다.

* predict 예언하다, 예측하다

Step 2 Situation Dialog 상황 대화

A How do you like it?
B It is too big for me. Do you have this in a smaller size?
A Wait a minute, please. I will bring it for you.

A 그건 어때요?
B 내게는 너무 크군요. 같은 걸로 작은 치수가 있나요?
A 잠깐 기다리세요. 가져오겠습니다.

Step 3 Exercise 연습 문제

1 그것은 너무 위험합니다. (risky)

_____

2 외출하기에는 너무 늦었습니다. (late)

_____

Answer 1. It is too risky. 2. It is too late to go outside.

Review Exercise

A. 단어의 맞는 뜻을 찾아 연결하시오.

1. scary
2. chilly
3. weird
4. waste
5. predict

ⓐ 쌀쌀한
ⓑ 기이한
ⓒ 무서운
ⓓ 예측하다
ⓔ 낭비하다

B. 문맥에 알맞은 어구를 찾아 문장을 완성하시오.

1. 너무 복잡합니다.
   _____ complicated.
2. 그것은 당신의 결정에 달려 있습니다.
   _____ your decision.
3. 이제 시간 낭비를 멈추어야 할 시간입니다.
   _____ to stop wasting time.
4. 시간이 오래 걸립니다.
   _____ long.
5. 모든 사람들이 안전한 것으로 밝혀졌습니다.
   _____ that everyone was safe.

ⓐ It is time
ⓑ It is too
ⓒ It depends on
ⓓ It turned out
ⓔ It takes

C. Speaking Exercise 다음 문장을 영어로 표현하시오.

1. 그 건물을 수리하는 데 거의 한 달이 걸립니다.

2. 그것은 당신이 얼마나 노력하는가에 달려 있습니다.

3. 그 보고서는 정확하지 않은 것으로 밝혀졌습니다. (incorrect)

4. 이제 작별 인사를 해야 할 시간입니다. (say goodbye)

5. 그것은 조금 우스꽝스럽게 들립니다. (sound / silly)

6. 이 책상은 내가 옮기기에는 너무 무겁습니다.

Unit 28

형식상의 주어 There
There is ... / There are ...

Preview

1. 문제가 생겼어.
2. 오늘 밤은 폭설이 내릴 것입니다.
3. 분명히 해결책이 있을 것입니다.
4. 빠져 나갈 방법이 없습니다.
5. 택시를 부를 필요가 없습니다.
6. 내가 믿을 수 있는 사람이 없어.

There is a problem.
There will be heavy snow tonight.
There must be a solution.
There is no way out.
There is no need to call a taxi.
There is no one I can trust.

Preview Exercise

ⓐ one ⓑ must be ⓒ way ⓓ need ⓔ will be

1. 그것을 멈출 방법은 없습니다.
2. 서두를 필요가 없습니다.
3. 이야기할 사람이 없습니다.
4. 내일은 수업이 없습니다.
5. 어떤 착오가 있음에 틀림이 없어요.

There is no ____ to stop it.
There is no ____ to hurry.
There is no ____ to talk to.
There ____ no classes tomorrow.
There ____ some kind of mistake.

1. ⓒ 2. ⓓ 3. ⓐ 4. ⓔ 5. ⓑ

Pattern 01 There is …

… 이 있다

there는 관용적으로 …이 있다는 표현에 사용되는 부사이다. '거기에'라는 의미가 있지만 굳이 해석해서 의미를 부여하려 할 필요는 없다. There is 다음에 오는 단어가 문장의 주어이다. 주어가 단수일 때는 There is …로, 복수일 때는 There are …로 표현한다. There are many people in the street. 거리에는 사람들이 많다.

Step 1 Basic Pattern 기초 패턴

There is … 있습니다

a problem.
문제가

only one left.
딱 하나 남은 게

no doubt.
의심의 여지가 (없습니다.)

no choice.
선택의 여지가 (없습니다.)

enough food for everyone.
모두가 먹을 수 있을 만큼 충분한 음식이

* doubt 의심, 의혹

Step 2 Situation Dialog 상황 대화

A How is your project going?
B I am still working on it.
A There is not enough time left. You have to hurry.

A 프로젝트는 어떻게 진행되고 있나요?
B 지금 작업 중입니다.
A 시간이 많이 남지 않았어요. 서둘러야 해요.

Step 3 Exercise 연습 문제

1 하늘에 먹구름이 있습니다. (dark clouds)

_____

2 회의실의 테이블 주위에 의자가 없습니다. (chairs)

_____

Answer 1. There are dark clouds in the sky. 2. There are no chairs around the table in the meeting room.

238

Pattern 02 There will be …

…이 있을 것이다

There is … / There are …의 미래 시제 표현이다.

Step 1 Basic Pattern 기초 패턴

There will be
… 것입니다

heavy snow tonight.
오늘 밤은 폭설이 내릴

no classes tomorrow.
내일은 수업이 없을

a few changes in the plan.
계획에 몇 가지 변경이 있을

occasional showers during this weekend.
주말에는 간헐적으로 소나기가 내릴

a 20 minute intermission after the second act.
2막이 끝난 후 20분간의 막간 휴식이 있을

* heavy snow 폭설 / occasional 간헐적인 / intermission 중간 휴식

Step 2 Situation Dialog 상황 대화

A Have you applied for the voluntary work?
B I tried, but it was already filled.
A Don't be discouraged. There will be plenty of other opportunities.

A 자원 봉사 신청했어?
B 하려고 했었는데 이미 인원이 다 차버렸어.
A 실망하지 마. 다른 기회가 많이 있을 거야.

Step 3 Exercise 연습 문제

1 몇 가지 추가 요금이 있을 것입니다. (additional)

_____

2 그 서비스에는 요금이 부과되지 않습니다. (no charges for)

_____

Answer 1. There will be some additional charges. 2. There will be no charges for the service.

Pattern 03 There must be …

…이 있음에 틀림이 없다

강한 추측을 나타내는 표현으로, '분명히 …이 있을 것이다' 또는 '반드시 …이 있어야 한다'는 의미를 나타낸다.

Step 1 Basic Pattern 기초 패턴

There must be
… 있음에 틀림이 없습니다

a solution.
해결책이 (분명히 있을 것입니다.)
some kind of mistake.
어떤 착오가
something we can do.
우리가 할 수 있는 일이 (분명히 있을 것입니다.)
something we don't know yet.
우리가 알지 못하는 무언가가 (분명히 있을 것입니다.)
some connections between them.
그들 사이에 어떤 관련이

* connection 연결, 관련성

Step 2 Situation Dialog 상황 대화

A Why did you choose that company?
B Because they said their repair services are completely free of charge.
A That's hard to believe. There must be a catch somewhere.

* catch 숨겨진 것, 애로점

A 왜 그 회사를 선택했나요?
B 그들의 수리 서비스가 완전 무료라고 했기 때문이지요.
A 그 말은 믿기가 힘든데요. 분명히 무언가 감춰진 것이 있을 겁니다.

Step 3 Exercise 연습 문제

1 분명히 어떤 다른 이유가 있을 거야. (other reason)

___

2 그 문제에 대한 어떤 해결책이 분명히 있을 겁니다. (solution)

___

Answer 1. There must be some other reason. 2. There must be some solutions to the problem.

Pattern 04 There is no way …

…할 방법이 없다

여기서 way는 길 또는 방법을 뜻하는 명사로서 There is no way to …는 '…할 방법이 없다'는 의미를 표현하는 구문이다. There is no way but에서의 but은 전치사로 '… 외에는' 또는 '…을 제외하고'의 뜻으로 except와 동의어이다.

Step 1 Basic Pattern 기초 패턴

There is no way
… 방법이 없습니다

out.
빠져 나갈

to stop it.
그것을 멈출

to know the result.
결과를 알 수 있는

but to apologize to him.
그에게 사과하는 것 외에는

but to accept the result.
결과를 받아들이는 것 외에는

Step 2 Situation Dialog 상황 대화

A It doesn't look as if the snow stops soon.
B All flights have been cancelled due to the heavy snow.
A There is no way but to postpone our departure, then.

* postpone 미루다, 연기하다

A 눈이 금방 멈출 것 같지는 않아.
B 폭설로 인해 모든 항공편이 취소되었어.
A 그렇다면, 출발을 연기하는 것 외에는 달리 방법이 없어.

Step 3 Exercise 연습 문제

1 그의 주장을 반박할 방법은 없어. (repute)

_____

2 지금으로써는 그 질병을 치료할 방법이 없어. (deal with)

_____

Answer
1. There is no way to repute his argument.
2. There is no way to deal with the disease at the present.

Pattern 05 There is no need to …

…할 필요가 없다

need는 명사로 필요 또는 필요성을 의미한다. to는 부정사이므로 다음에 동사원형을 사용해야 한다. There is no need to … 구문은 '…할 필요가 없다'는 의미로 대화 상대방에게 직접 표현할 때는 You don't need to … 또는 You don't have to …와 의미 차이 없이 사용할 수 있다.
* 140, 143쪽 참고

Step 1 Basic Pattern 기초 패턴

There is no need to
… 필요가 없습니다

hurry.
서두를
call a taxi.
택시를 부를
worry about it.
그것에 관해 걱정할
make an excuse.
변명할
report the results.
결과를 보고할

Step 2 Situation Dialog 상황 대화

A What day of the week do you like most?
B I like Sunday the most.
A Can you tell me the reason?
B Because there is no need to get up early in the morning.

A 일주일 중에서 어느 날이 가장 좋아?
B 나는 일요일이 제일 좋아.
A 이유를 말해줄래?
B 아침에 일찍 일어날 필요가 없기 때문이지.

Step 3 Exercise 연습 문제

1 망설일 필요는 없습니다. (hesitate)

_____

2 더 이상 그를 도와줄 필요는 없습니다. (help)

_____

Answer 1. There is no need to hesitate. 2. There is no need to help him anymore.

Pattern 06 There is no one ...

…할 사람이 없다

There is no one 뒤에 but이 결합되어 사용될 수도 있다. 여기서 but은 There is no way but …에서와 같이 전치사고 '… 외에' 또는 '…을 제외하고'라는 뜻으로 사용된다.

Step 1 Basic Pattern 기초 패턴

There is no one
… 사람이 없습니다

to talk to.
이야기할
I can trust.
내가 믿을 수 있는
who knows the answer.
답을 알고 있는
but ourselves to blame.
우리 자신을 제외하고는 비난할
you can trust but yourself.
너 자신을 제외하고는 믿을 수 있는

Step 2 Situation Dialog 상황 대화

A Would you come over here for a moment? I need your help.
B I am a bit busy now. Why don't you ask someone else to help you?
A I wish I could. There's no one around here.

A 잠깐 여기로 와주지 않겠어? 네 도움이 필요해.
B 지금 좀 바빠. 다른 사람에게 도와달라고 하는 게 어때?
A 나도 그랬으면 좋겠는데, 여기 아무도 없어.

Step 3 Exercise 연습 문제

1 그것에 관해 의문을 제기한 사람이 아무도 없었습니다. (raise a question)

_____

2 홀에는 그를 제외하고는 아무도 없었습니다. (in the hall)

_____

Answer 1. There was no one who raised a question about it. 2. There was no one left but him in the hall.

Review Exercise

A. 단어의 맞는 뜻을 찾아 연결하시오.

1. doubt
2. postpone
3. connection
4. occasional
5. intermission

ⓐ 연결
ⓑ 의심
ⓒ 간헐적인
ⓓ 중간 휴식
ⓔ 연기하다

B. 문맥에 알맞은 어구를 찾아 문장을 완성하시오.

1. 그것에 관해 걱정할 필요가 없습니다.
   _____ to worry about it.
2. 우리가 할 수 있는 일이 분명히 있을 것입니다.
   _____ we can do.
3. 음식은 모두가 먹을 수 있을 만큼 충분합니다.
   _____ food for everyone.
4. 결과를 받아들이는 것 외에는 방법이 없습니다.
   _____ to accept the result.
5. 너 자신을 제외하고는 믿을 수 있는 사람이 없어.
   _____ you can trust but yourself.

ⓐ There is no one
ⓑ There is enough
ⓒ There is no need
ⓓ There is no way but
ⓔ There must be something

C. Speaking Exercise 다음 문장을 영어로 표현하시오.

1. 기차 안에 사람들이 거의 없습니다.

2. 내년에는 정리해고가 많이 있을 것입니다. (layoff)

3. 우리 사이에 어떤 오해가 있음에 틀림이 없어.

4. 도심 지역의 교통체증을 피할 방법은 없습니다. (avoid traffic jams / downtown areas)

5. 계획을 변경할 필요는 없습니다.

6. 그 사고에 대해 책임을 지는 사람은 아무도 없었습니다. (take the responsibility for)

Unit 29

지시대명사 This
This is ... / This is why ...

Preview

1. 이곳이 나의 집입니다.   This is my house.
2. 이것은 공평하지 않습니다.   This is not fair.
3. 이것은 우리들만의 비밀이야.   This is just between us.
4. 이것은 완전한 진품입니다.   This is totally genuine.
5. 이것이 바로 내가 원하던 것입니다.   This is what I wanted.
6. 이것이 내가 그를 좋아하는 이유입니다.   This is why I like him.

Preview Exercise

ⓐ is why   ⓑ is not   ⓒ is   ⓓ is what   ⓔ is totally

1. 이것은 비매품입니다.   This _____ for sale.
2. 이것은 전혀 쓸모가 없어.   This _____ useless.
3. 이것이 내가 늦은 이유입니다.   This _____ I was late.
4. 이것은 너무 큰 금액입니다.   This _____ a lot of money.
5. 이것이 내가 의미하는 것입니다.   That _____ I meant.

1. ⓑ 2. ⓔ 3. ⓐ 4. ⓒ 5. ⓓ

Pattern 01

This is ...
이것은 …이다

This is … 구문은 사람이나 사물을 소개할 때뿐만 아니라 상황을 설명할 때도 사용할 수 있는 표현이다.

Step 1 Basic Pattern 기초 패턴

This is
이것은 …

- **Andrew.** (이 사람은) 앤드류입니다.
- **my house.** 나의 집입니다.
- **a lot of money.** 너무 큰 금액입니다.
- **our last chance.** 우리의 마지막 기회입니다.
- **a crucial moment.** 아주 중요한 순간입니다.

* crucial 중대한, 결정적인

Step 2 Situation Dialog 상황 대화

A Have you been here before?
B No, I haven't. This is my first visit to Italy.

A 전에 이곳을 방문한 적이 있나요?
B 아니요, 없습니다. 이번이 저의 첫 이태리 방문입니다.

Step 3 Exercise 연습 문제

1 이것은 좋은 본보기입니다. (example)

_____

2 이곳은 내가 즐겨 찾는 곳입니다. (favorite)

_____

Answer   1. This is a good example.   2. This is my favorite place.

246

Pattern 02 This is not …

이것은 …이 아니다

This is … 구문의 부정 표현이다. 마찬가지로 사람, 사물, 또는 상황 모두에 사용할 수 있으며, 연결되는 단어의 문법적 기능은 보어로서 명사 및 형용사가 와야 한다.

Step 1 Basic Pattern 기초 패턴

This is not 이것은 … 아닙니다

- **true.** 사실이
- **fair.** 공평하지 (않습니다.)
- **for sale.** 판매품이
- **an easy task.** 쉬운 일은
- **usually the case.** 대개는 이렇지 (않습니다.)

Step 2 Situation Dialog 상황 대화

A There are so many people here.
B And the music is so loud.
A This is not a good place for us. Why don't we go somewhere else?

* loud 시끄러운

A 여긴 사람들이 너무 많아.
B 게다가 음악 소리도 너무 시끄러워.
A 우리한테 맞는 장소가 아니야. 다른 곳으로 옮기는 게 어때?

Step 3 Exercise 연습 문제

1 아직은 때가 아닙니다. (time)

_____

2 어제 말한 것과 다르군요. (yesterday)

_____

Answer 1. This is not the time. 2. This is not what you said yesterday.

Unit 29

247

Pattern 03

This is just … 이것은 단지 …일 뿐이다
This is not just … 이것은 단순히 …인 것만은 아니다

This is … 구문에 just 또는 not just를 사용하여 상황의 적용 범위를 한정시키거나(This is just …), 확장시키는 표현이다(This is not just …).

Step 1 Basic Pattern 기초 패턴

This is just
이것은 단지 …일 뿐입니다

a picture.
한 장의 사진
between us.
우리들만의 (비밀입니다.)
a nightmare.
악몽

This is not just
이것은 단순히 …인 것만은 아닙니다

about money.
돈 문제
an issue for us.
우리들만의 문제

* nightmare 악몽

Step 2 Situation Dialog 상황 대화

A You changed your mobile phone again.
B This is not just a mobile phone. This is the latest smartphone which has a lot of different functions.
A Well, I don't see any difference.

A 너 휴대폰을 또 바꿨구나.
B 이것은 단순한 휴대폰이 아니야. 다양한 기능을 보유한 최신형 스마트폰이지.
A 글쎄, 나는 차이가 뭔지 잘 모르겠어.

Step 3 Exercise 연습 문제

1 이제 시작일 뿐이야. (beginning)

_____

2 이것은 단지 나의 개인적인 의견일 뿐입니다. (personal)

_____

Answer 1. This is just the beginning. 2. This is just my personal opinion.

Pattern 04 This is totally …

이것은 완전히 …이다

totally는 부사로 '완전히' 또는 '전적으로'라는 뜻이다. 문장의 의미를 강조하거나 어감을 강하게 만드는 효과가 있다.

Step 1 Basic Pattern 기초 패턴

This is totally
이것은 완전히 …

- **useless.** 쓸모가 없습니다.
- **genuine.** 진품입니다.
- **trustworthy.** 믿을 수 있습니다.
- **inappropriate.** 부적절합니다.
- **a new experience for me.** 나에게 새로운 경험입니다.

* trustworthy 믿을 수 있는 / inappropriate 부적절한

Step 2 Situation Dialog 상황 대화

A Where did you buy the coffee machine?
B I bought it at a flea market last Saturday.
A Does it work?
B No, this is totally worthless.

* flea market 벼룩시장 / worthless 가치가 없는

A 그 커피 기계 어디서 샀어?
B 지난 토요일 벼룩시장에서 샀어.
A 작동은 잘 돼?
B 아니야, 아무 쓸모가 없어.

Step 3 Exercise 연습 문제

1 이것은 전혀 관련이 없습니다. (irrelevant)

_____

2 이것은 완전히 받아들일 수 없습니다. (unacceptable)

_____

Answer 1. This is totally irrelevant. 2. This is totally unacceptable.

Pattern 05 This is what …

이것은 바로 …이다

여기서 what은 something that 또는 the very thing that으로 선행사를 포함한 관계대명사이다. '…한 것'으로 해석한다. 지시대명사는 상황에 따라 this 또는 that으로 사용할 수 있다.

Step 1 Basic Pattern 기초 패턴

This is what
이것이 바로 … 것입니다.

I meant.
내가 의미하던
I wanted.
내가 원하던
I expected.
내가 기대했던
I don't understand.
이해할 수 없는
most people overlook.
대부분의 사람들이 간과하는

* overlook 간과하다

Step 2 Situation Dialog 상황 대화

A Here is your order.
B Wait a second! This is not what I ordered.

A 주문한 음식이 나왔습니다.
B 잠깐만요. 이 음식은 내가 주문한 것이 아닙니다.

Step 3 Exercise 연습 문제

1 이것이 내가 당신에게 말해주고 싶은 것입니다. (tell)

_____

2 이것이 현재 일어나고 있는 상황입니다. (happen)

_____

Answer 1. This is what I want to tell you. 2. This is what is happening now.

Pattern 06 This is why ...
이것이 …하는 이유이다

행위나 상황에 대한 이유를 설명하거나 해명할 때 사용할 수 있는 표현이다. 지시대명사는 상황에 맞게 this나 that을 사용할 수 있으며 that을 사용할 경우에는 주로 That's why ...로 줄여서 표현한다. That's why I exercise regularly. 그것이 내가 규칙적으로 운동하는 이유이다.

Step 1 Basic Pattern 기초 패턴

This is why
이것이 … 이유입니다

I like him.
내가 그를 좋아하는
I was late.
내가 늦은
she is mad at you.
그녀가 당신에게 화가 난
I practice every day.
내가 매일 연습을 하는
we have to help those children.
우리가 그 아이들을 도와주어야 하는

Step 2 Situation Dialog 상황 대화

A We had lots of snow last night.
B Some roads are still blocked due to the snow. This is why Alex hasn't arrived yet.
A I think so.

* block 막다, 차단하다

A 어젯밤 눈이 많이 왔어.
B 일부 도로들이 눈 때문에 아직도 막혀 있어. 이것이 알렉스가 아직 도착하지 못한 이유야.
A 나도 그렇게 생각해.

Step 3 Exercise 연습 문제

1 이것이 내가 여름을 좋아하지 않는 이유입니다. (summer)

_____

2 이것이 우리가 일찍 집에 간 이유입니다. (early)

_____

Answer 1. This is why I don't like summer. 2. That is why we went home early.

Review Exercise

A. 단어의 맞는 뜻을 찾아 연결하시오.

1. crucial
2. overlook
3. nightmare
4. trustworthy
5. inappropriate

ⓐ 악몽
ⓑ 부적절한
ⓒ 간과하다
ⓓ 믿을 수 있는
ⓔ 중대한, 결정적인

B. 문맥에 알맞은 단어나 어구를 찾아 문장을 완성하시오.

1. 이것은 쉬운 일은 아닙니다.
   _____ an easy task.
2. 이것은 완전히 부적절합니다.
   _____ inappropriate.
3. 이번이 우리의 마지막 기회입니다.
   _____ our last chance.
4. 이것은 내가 기대했던 것이 아닙니다.
   _____ I expected.
5. 이것이 내가 매일 연습을 하는 이유입니다.
   _____ I practice every day.

ⓐ This is not what
ⓑ This is why
ⓒ This is
ⓓ This is not
ⓔ This is totally

C. Speaking Exercise 다음 문장을 영어로 표현하시오.

1. 오늘이 우리가 기다려왔던 날입니다.

2. 이번이 처음이 아닙니다.

3. 이것은 단순히 개인적 의견의 문제인 것만은 아닙니다.

4. 이것은 우리에게 완전히 새로운 도전입니다. (challenge)

5. 이것이 우리가 내일 해야 할 일입니다.

6. 이것이 내가 애완동물을 기르지 않는 이유입니다. (have a pet)

Unit 30

지시대명사 That
That is all ... / That sounds ... / The thing is ...

Preview

1. 그것이 내가 필요한 전부입니다.   That's all I need.
2. 원래 그런 것입니다.   That's the way it is.
3. 그것 좋습니다.   That sounds great.
4. 그것은 내가 필요로 하는 것 같아.   That sounds like what I need.
5. 문제는 우리에게 시간이 많이 없다는 것입니다.   The thing is, we don't have much time.
6. 요점은 우리가 한 배를 탔다는 것입니다.   The point is that we are on the same boat.

Preview Exercise

ⓐ That is the way   ⓑ That's all   ⓒ The thing is   ⓓ That sounds   ⓔ That sounds like

1. 그것이 내가 기억하는 전부입니다.   _____ I remember.
2. 인생이란 원래 그런 것이다.   _____ life goes.
3. 꽤 흥미롭게 들리는군요.   _____ pretty interesting.
4. 그것은 좋은 기회 같아요.   _____ chance.
5. 문제는 이 제안은 협상이 가능하지 않다는 것입니다.   _____, the offer is not negotiable.

1. ⓑ 2. ⓐ 3. ⓓ 4. ⓔ 5. ⓒ

Pattern 01: That is all …

그것이 …한 전부이다

'…한 전부'라는 의미를 나타낸다. 여기서 all은 대명사이며 뒤로는 that 없는 관계절이 연결된다. is 대신 was나 will be를 사용하여 시제를 표현할 수 있다.

Step 1 Basic Pattern 기초 패턴

That Is all
그것이 … 전부입니다

I need.
내가 필요한
I remember.
내가 기억하는
that matters.
중요한
that is important to me.
내게 중요한
I can tell you for now.
현재 내가 당신에게 말해줄 수 있는

Step 2 Situation Dialog 상황 대화

A May I get an order of the fried shrimp?
B No problem, do you want anything else?
A No, thank you, that'll be all for now.

* Shrimp 새우

A 새우튀김을 주문할 수 있나요?
B 네, 있습니다. 그 외 필요하신 것이 있나요?
A 없습니다, 그것이 전부입니다.

Step 3 Exercise 연습 문제

1 그것이 일어난 일의 전부입니다. (happen)

_____

2 그것이 당신을 위해 내가 해줄 수 있는 전부입니다. (for you)

_____

Answer 1. That's all that happened. 2. That's all I can do for you.

Pattern 02 That is the way …

그것이 …하는 방법이다

방법이나 요령에 관해 설명하는 표현이다. 형용사 only 또는 best 등을 사용하여 '유일한 방법' 또는 '최선의 방법' 등으로 표현할 수 있다.

Step 1 Basic Pattern 기초 패턴

That is the way
그것이 … 방법입니다

it is.
(원래 그런 것입니다.)
life goes.
인생이란 (원래 그런 것입니다.)
he made a fortune.
그가 부자가 된
we can survive in this field.
우리가 이 분야에서 살아남을 수 있는
we can prevent the accident.
우리가 그 사고를 막을 수 있는

make a fortune 재산을 모으다 / survive 살아남다, 생존하다 / prevent 막다, 방지하다

Step 2 Situation Dialog 상황 대화

A You do not have any other option.
B It is not fair.
A I know it's not fair, but that's the way it is.

A 너에겐 다른 선택권이 없어.
B 그건 공평하지 않아.
A 공평하지 않다는 것은 나도 알아. 하지만 원래 그런 거야.

Step 3 Exercise 연습 문제

1 그것은 그렇게 발생했습니다. (happen)

_____

2 그것은 내가 원했던 방법이 아닙니다. (what)

_____

Answer 1. That's the way it happened. 2. That's not the way I wanted it.

Pattern 03 That sounds …

…인 것 같다

직역은 '…한 것으로 들린다'로 해석된다. 그러나 대부분의 경우 appear 또는 seem처럼 '…인 것 같다'로 이해하는 것이 무난하다. 뒤에 형용사가 온다.

Step 1 Basic Pattern 기초 패턴

That sounds 그것은 … 들립니다.

great. 좋게
awesome. 멋지게
too complicated. 너무 복잡하게
pretty interesting. 꽤 흥미롭게
much more promising. 전망이 매우 밝게

*complicated 복잡한 / promising 유망한, 전망이 밝은

Step 2 Situation Dialog 상황 대화

A Have you thought about my offer?
B That sounds very tempting, but I need a little more time to think it over.
A No problem, please let me know when you've made a decision.

*tempting 솔깃한, 구미가 당기는

A 저의 제안에 관해 생각해보았나요?
B 솔깃하긴 합니다만, 좀 더 생각할 시간이 필요합니다.
A 괜찮습니다, 결정을 내리면 알려주십시오.

Step 3 Exercise 연습 문제

1 그것은 합리적으로 들립니다. (reasonable)

_____

2 그것은 약간 우스꽝스럽게 들립니다. (a bit silly)

_____

Answer 1. That sounds reasonable. 2. That sounds a bit silly.

Pattern 04 That sounds like …
…한 것 같다

'…인 것 같다' 또는 '…인 것처럼 들린다, …처럼 말한다'는 의미이다. that 대신 인명 또는 인칭 대명사를 사용할 수 있다.

Step 1 Basic Pattern 기초 패턴

That sounds like
그것은 … 같아요

what I need.
내가 필요로 하는 것
a good chance.
좋은 기회
a real challenge.
어려운 도전
an excellent plan to me.
내게는 아주 멋진 계획
a reasonable offer for both of us.
우리 모두에게 합리적인 제안

Step 2 Situation Dialog 상황 대화

A What are you going to do this weekend?
B I don't have any plans. Why?
A I am thinking of going fishing on Saturday.
B That sounds like fun. Can I go with you?

A 이번 주말에 뭐할 거야?
B 특별한 계획은 없어. 왜?
A 토요일에 낚시를 갈까 생각 중이야.
B 재미있을 것 같은데. 나도 함께 갈 수 있어?

Step 3 Exercise 연습 문제

1 당신은 아주 잘 지내고 있는 것 같군요. (have a good time)

___

2 제이콥은 유복한 가정에서 자란 것 같아요. (come from / a wealthy family)

___

Answer
1. That sounds like you are having a good time.
2. Jacob sounds like he comes from a wealthy family.

Pattern 05 The thing is …

문제는(사실은) …입니다

중요한 사실이나 상황에 대해 설명 또는 해명을 하고자 할 때 사용하는 표현이다.

Step 1 Basic Pattern 기초 패턴

The thing is
문제는(사실은) …입니다

we don't have much time.
우리에게 시간이 많이 없다는 것
I will be back next week.
내가 다음 주에 돌아온다는 것
the offer is not negotiable.
이 제안은 협상이 가능하지 않다는 것
I am not interested in the club.
나는 그 클럽에 관심이 없다는 것
there is nothing we can do about it.
그것에 관해 우리가 할 수 있는 것이 없다는 것

* negotiable 협상 가능한

Step 2 Situation Dialog 상황 대화

A Would you call Emily and ask her if she is coming to the party tonight?
B Well, I don't want to talk to her.
A I thought you two were very close.
B The thing is, I had an argument with her yesterday.

A 에밀리에게 전화해서 오늘 저녁 파티에 오는지 물어봐주지 않을래?
B 글쎄, 난 그녀와 말하고 싶지 않아.
A 너희 둘이 아주 친하다고 생각했었는데.
B 사실은 어제 그 애와 말다툼을 했어.

Step 3 Exercise 연습 문제

1 문제는 나는 사업가가 아니라는 것입니다. (businessman)

_____

2 문제는 그 결과를 예측하기가 어렵다는 것입니다. (predict)

_____

Answer 1. The thing is, I am not a businessman. 2. The thing is, it is hard to predict the result.

Pattern 06

The point is ... 요점은 …입니다
The bottom line is ... 결론은(요점은, 핵심은) …입니다

The bottom line은 핵심, 요점 외에도 최종 결과, 또는 수락할 수 있는 최종 가격 등의 의미가 있다.

Step 1 Basic Pattern 기초 패턴

The point is
요점은 …입니다

that we are on the same boat.
우리가 한 배를 탔다는 것
that this is not only your problem.
이것이 당신의 문제만이 아니라는 것
that we don't have any other option.
우리에게 다른 선택권이 없다는 것

The bottom line is
결론은(요점은, 핵심은) …입니다

that we have no time to lose.
우리에게 지체할 시간이 없다는 것
that we have to do it together.
우리가 함께 그 일을 해야 한다는 것

Step 2 Situation Dialog 상황 대화

A Could you lower the price a little?
B My bottom line on this job is $1500; I can't do it for less.
A All right, let's make a deal. When can you start work?

A 가격을 조금 낮추어줄 수 있나요?
B 이 작업에 대한 최저 가격은 1500달러입니다; 그 이하로는 할 수가 없습니다.
A 좋습니다. 그 가격으로 하겠습니다. 언제 일을 시작할 수 있나요?

Step 3 Exercise 연습 문제

1 요점은 두려워할 것이 전혀 없다는 것입니다. (be afraid of)

   _____

2 결론은 우리가 과거를 바꿀 수 없다는 것입니다. (past)

   _____

Answer
1. The point is that there is nothing to be afraid of.
2. The bottom line is that you cannot change the past.

Review Exercise

A. 단어의 맞는 뜻을 찾아 연결하시오.

1. survive
2. tempting
3. promising
4. negotiable
5. complicated

ⓐ 솔깃한
ⓑ 복잡한
ⓒ 생존하다
ⓓ 전망이 밝은
ⓔ 협상 가능한

B. 뮨맥에 알맞은 어구를 찾아 문장을 완성하시오.

1. 그것은 너무 복잡하군요.

    _____ too complicated.

2. 그것이 그가 부자가 된 방법입니다.

    _____ he made a fortune.

3. 그것이 지금 내가 당신에게 말해줄 수 있는 전부입니다.

    _____ I can tell you for now.

4. 나는 그것이 합리적인 제안인 것 같아요.

    _____ a reasonable offer to me.

5. 결론은 우리에게 지체할 시간이 없다는 것입니다.

    _____ that we have no time to lose.

ⓐ That's all
ⓑ That sounds
ⓒ That's the way
ⓓ The bottom line is
ⓔ That sounds like

C. Speaking Exercise 다음 문장을 영어로 표현하시오.

1. 그것이 내가 요구하는 전부입니다.

2. 그것이 당신의 파일을 안전하게 보관하는 가장 좋은 방법입니다. (the best way to)

3. 그것은 나에게는 매우 합리적으로 들립니다. (sensible)

4. 그에게는 좋은 기회인 것 같군요.

5. 문제는 신청 마감이 이미 지났다는 것입니다.

6. 결론은 우리에게 대안 전략이 필요하다는 것입니다. (alternative strategy)

Part 4 Answer

Unit 26   p228

A. 1. ⓔ 2. ⓒ 3. ⓐ 4. ⓓ 5. ⓑ
B. 1. ⓒ 2. ⓓ 3. ⓐ 4. ⓔ 5. ⓑ
C. 1. It looks like the team has little chance of winning.
   2. It is worth scrutinizing in detail.
   3. Their service was not worth the money they charged me.
   4. It is easy to assemble this toy.
   5. It is hard to imagine a life without computers.
   6. It is no use pretending you know nothing about it.

Unit 27   p236

A. 1. ⓒ 2. ⓐ 3. ⓑ 4. ⓔ 5. ⓓ
B. 1. ⓑ 2. ⓒ 3. ⓐ 4. ⓔ 5. ⓓ
C. 1. It takes almost a month to repair the building.
   2. It depends on how hard you try.
   3. This report turned out to be incorrect.
   4. It is time we said goodbye.
   5. It sounds a bit silly.
   6. This desk is too heavy for me to move.

Unit 28   p244

A. 1. ⓑ 2. ⓔ 3. ⓐ 4. ⓒ 5. ⓓ
B. 1. ⓒ 2. ⓔ 3. ⓑ 4. ⓓ 5. ⓐ
C. 1. There are few people in the train.
   2. There will be many layoffs next year.
   3. There must be some misunderstanding between us.
   4. There is no way to avoid traffic jams in downtown areas.
   5. There is no need to change the plan.
   6. There was no one who took the responsibility for the accident.

Unit 29   p252

A. 1. ⓔ 2. ⓒ 3. ⓐ 4. ⓓ 5. ⓑ
B. 1. ⓐ 2. ⓔ 3. ⓒ 4. ⓐ 5. ⓑ
C. 1. This is the day we have been waiting for.
   2. This is not the first time.
   3. This is not just a matter of personal opinion.
   4. This is a totally new challenge for us.
   5. This is what we have to do tomorrow.
   6. This is why I don't like to have a pet.

Unit 30   p260

A. 1. ⓒ 2. ⓐ 3. ⓓ 4. ⓔ 5. ⓑ
B. 1. ⓑ 2. ⓒ 3. ⓐ 4. ⓔ 5. ⓓ
C. 1. That's all I am asking for.
   2. That is the best way to keep your files safe.
   3. That sounds very sensible to me.
   4. That sounds like a good opportunity for him.
   5. The thing is, the deadline for applications has already passed.
   6. The bottom line is that we need an alternative strategy.

Index

ㄱ

가까스로(겨우) …했다	I managed to …	79
가치가 있다	It is worth …	223
가치가 없다	It is not worth …	224
감사한다	I appreciate …	95
개의치 않는다, 상관없다	I don't mind …	75
걱정된다	I am worried about …	86
걱정하지 마세요	Don't worry (about) …	166
걸린다	It takes …	230
결론은(요점은, 핵심은) …입니다	The bottom line is …	259
계획이다	I am planning to …	32
관련되어 있다	I am involved in …	99
관심이 없다	I am not interested in …	98
관심이 있다	I am interested in …	97
궁금하다	I wonder if …	67
그것이 …하는 방법이다	That is the way …	255
그것이 …한 전부이다	That is all …	254
기꺼이 …할 것이다	I am willing to …	25
기다릴 수 없다	I cannot wait to …	83
기대하고 있다	I am looking forward to …	39
기분이 아니다	I don't feel like …	55
기쁘다	I am glad to …	22
기쁘다	I am glad that …	23
기쁘다, 만족하다	I am happy to/with	24
긴장된다	I am nervous about …	88

ㄴ

내가 …하기를 원하시나요?	Would you like me to …?	159
내게 …을 가져다줄 수 있나요?	Can you get me …?	155
내게 …을 말해줄 수 있나요?	Can you tell me …?	157
내게 …을 보여줄 수 있나요?	Can you show me …?	156
너무 …하다	It is too …	235
놀랐다	I am surprised at …	89
누가 …입니까?	Who is …?	172
누가 …할 것인가요?	Who will …?	174
누가 …합니까?	Who …?	173
누구의 …인가요?	Whose …?	175
능숙히다	I am good at …	18
능숙하지 않다	I am not good at …	19

ㄷ

달려 있다	It depends on …	231
당신의 …은 무엇입니까?	What is your …?	180
당황스러웠다	I was embarrassed at/by …	90
더 이상 …할 수 없다	I can no longer …	82
두려워하지 마세요	Don't be afraid of/to …	167

ㄹ

…라는 말인가요?	Are you saying (that) …?	109

ㅁ

막 …하려고 하는 중이다	I am about to …	34
만족하나요?	Are you happy with …?	111

만족하다	I am happy to (with)	24
매우 …이다	You are very …	116
매우 …하다	You are so …	114
모른다	I have no idea …	66
무엇을 …하기 원하시나요?	What do you want to …?	183
무엇을 …하려는 건가요?	What are you trying to …?	182
무엇을 …할 것인가요?	What are you going to …?	181
문제는(사실은) …입니다	The thing is …	258
믿는다	I believe (that) …	59

ㅂ

밝혀졌다	It turned out …	232
방법이 없다	There is no way …	241
보인다	It looks …	222
부럽다	I envy …	96

ㅅ

사람이 없다	There is no one …	243
생각하고 있다	I am thinking of/about …	43
생각한다	I think …	50
서툴다	I am poor at …	19
선호한다	I prefer to …	57
소용이 없다	It is no use …	227
쉽다	It is easy to …	225
시간이다	It is time to/that …	233
(시도)해본 적이 있나요?	Have you tried …?	151
실망한다	I am disappointed at …	91

ㅇ

알고 있다	I know (that) ...	62
알고 있었다	I knew (that) ...	63
알지 못한다	I don't know if/whether ...	64
애쓰고 있다	I am trying to ...	33
어느 것이 …인가요?	Which ...?	176
어느 쪽이 더 좋은가요?	Which do you prefer ...?	177
어느 쪽이 더 좋은가요?	Which do you like better ...?	177
어디로 …을 가져(데려)가나요?	Where are you taking ...?	198
어디서 …을 하나요?	Where do you ...?	200
어디서 …을 할 예정인가요?	Where are you going to ...?	197
어디서 …을 했나요?	Where did you ...?	201
어디인가요?	Where ...?	196
어디 있나요?	Where is ...?	199
어떤가요?	How do you like ...?	212
어떻게 생각하나요?	What do you think of ...?	184
어떻게 …하는지 알지 못한다	I don't know how ...	65
어떻게 …했었나요?	How did you ...?	213
어렵다	It is difficult to ...	226
어렵다	It is hard to ...	226
언제나 …하다	You are always ...	117
언제 …이 필요한가요?	When do you need ...?	192
언제인가요?	When is ...?	188
언제 …하기를 원하나요?	When do you want to ...?	193
언제 …하나요?	When will ...?	190

언제 …할 건가요?	When are you going to …?	189
언제 …했나요?	When did …?	191
(수가) 얼마나 … 되나요?	How many …?	216
(양이) 얼마나 … 되나요?	How much …?	217
얼마나 오래 걸리나요?	How long does it take to …?	215
얼마나 자주 …인가요?	How often …?	214
여유가 없다	I cannot afford to …	81
여전히 …인가요?	Are you still …?	107
왜 그렇게 …하나요?	Why are you so …?	205
왜 …라고 생각하나요?	What makes you think (that) …?	185
왜 …하나요?	Why are you …?	204
왜 …하나요?	Why do you …?	207
왜 …했나요?	Why were you …?	206
왜 …했었나요?	Why did you …?	208
요점은 …입니다	The point is …	259
요청합니다	I am asking for …	40
원하나요?	Do you want …?	147
원하시나요?	Would you like to …?	158
원하지 않는다	I don't want to …	49
원한다	I want to …	48
의도는 아니었다	I didn't mean to …	74
이것은 단순히 …인 것만은 아니다	This is not just …	248
이것은 단지 …일 뿐이다	This is just …	248
이것은 바로 …이다	This is what …	250
이것은 완전히 …이다	This is totally …	249

이것은 …이다	This is …	246
이것은 …이 아니다	This is not …	247
이것이 …하는 이유이다	This is why …	251
이야기하는 중이다	I am talking about …	41
이유가 없다	I have no reason to …	73
…인가요?	Are you …?	106
…인 것 같다	That sounds …	256
있다	There is …	238
있을 것이다	There will be …	239
있음에 틀림이 없다	There must be …	240
잊지 마세요	Don't forget to …	165

ㅈ

전화한다	I am calling to …	42
정말 …이다	You are such a(n) …	115
제안한다	I suggest (that) …	51
조금(다소) …하다	It is a bit …	234
조금(다소) …하다	It is a little …	234
좋아하나요?	Do you like …?	148
준비가 되어 있다	I am ready to/for …	16
준비가 되어 있지 않다	I am not ready to/for …	17
… 중이다	I am on …	15
… 중이다	I am in the middle of …	35
즐긴다	I enjoy …	94

ㅊ

차라리 …하겠다	I would rather …	58

찾고 있다	I am looking for ...	38
···처럼 보이지 않는다	You don't look ...	119
···처럼 보인다	You look ...	118
··· 출신이다	I am from ...	14

ㅍ

필요가 없다	I don't have to ...	72
필요가 없다	There is no need to ...	242
필요가 없다	You don't have to ...	140
필요가 없다	You don't need to ...	143
필요가 있다	I need to ...	70
필요가 있다	You need to ...	142
필요한가요?	Do you need ...?	147

ㅎ

···하게 하지 마세요	Don't make ...	162
···하고 싶다	I would like to ...	46
···하고 싶지 않다	I don't like to ...	47
···하곤 했다	I used to ...	78
···하기로 되어 있다	You are supposed to ...	124
···하기로 되어 있었다	You were supposed to ...	125
···하기 싫다	I hate to ...	56
···하나요?	Do you ...?	146
···하는 것이 어때요?	Why don't we ...?	209
···하는 것이 어때요?	Why don't you ...?	209
···하는 것이 좋을 것이다	You had better ...	141
···하려고 하지 마세요	Don't try to ...	164

…하려 한다	I am going to …	30
…하지 마세요	Don't be …	163
…하지 않았어야 했다	You should not have …	133
…하지 않을 것이다	I am not going to …	31
…하지 않을 것이다	You are not going to …	123
…한 것 같다	That sounds like …	257
…할 것 같다	I feel like …	54
…할 것이다	You are going to …	122
…할 것인가요?	Are you going to …?	108
…할 수밖에 없다	I cannot help …	80
…해도 될까요?	Do you mind if …?	149
…해서는 안 된다	You are not supposed to …	126
…해서는 안 된다	You are not allowed to …	127
…해서는 안 된다	You should not …	131
…해서는 안 된다	You must not …	135
…해야 한다	You should …	130
…해야 한다	I have to …	71
…해야 한다	You must …	134
…해야 한다	You have to …	138
…해야 할 것이다	You will have to …	139
…해줄 수 있나요?	Can you …?	154
…했나요?	Have you …?	150
…했어야 했다	You should have …	132
혼란스럽다, 이해되지 않는다	I am confused about …	87
확신하다	I am sure of/that …	26

확실하지 않다	I am not sure ...	27
확실한가요?	Are you sure (that) ...?	110